自分になかなか自信をもてないあなたへ

藤由達藏
Tatsuzo Fujiyoshi

自分の嫌いなところを
3週間で解消できるスゴイ方法

アスコム

はじめに

はじめまして！
夢実現応援家®の藤由達藏と申します。

あなたは「自信」という言葉からどんなことを連想しますか？

「自分に自信のある人は、周囲を引きつけるオーラがある」
「自信のある人は、何をやってもうまくいく」
「あの人は自信家で、鼻持ちならない嫌みなやつだ」
「あの人は虚勢を張って、自信があるように見せているだけだ」
「あの人の華々しい経歴ならば、自信があるのも当たり前だ」

……………

ひと口に「自信」と言っても人によって解釈が違いますが、総じて、

・「自信」なんてもっているのは一部の人だけだ。

・成功しない限り「自信」なんてもてない。

などと考えていませんか？

しかし、それは誤りです。

自信は誰もがもつことができます！

そして成功したから自信がもてるのではなく、自信があるから成功するのです。

仮に今、自信をもてていなくても、誰もが自信をもつことはできます。

このように書くと、

「自信をもてると言われても、そもそも自信をもてる自信がない！　どうしたらいいかがわからないから困っているんじゃないか！」

と、お叱りを受けそうです。

確かに、自信のない人はたくさんいます。でもそれは、自信とはどういうものので、どうすれば自信をもてるのかをたまたま知らなかっただけなのです。

自信の本質と自信のもち方がわかれば、誰でも簡単に自信をもつことができ、日常生活を心豊かに楽しく暮らしていくことができます。

実際、わたしは「夢実現応援家®」として多くの人と対話を重ね、夢の実現を応援し、講演やセミナーを通じて数多くのビジネスパーソンのサポートを行っていますが、はじめは誰も自信などありません。かすかな希望とたくさんの絶望を抱えてきた人がほとんどです。

しかし、夢実現応援の対話を繰り返すなかで、「本当はどうありたいのか？」を問いかけ、本人の「できているところ」に注目し、やったことを確認していくと、お客様はみるみる自信を取り戻し、自ら行動し始め、人生に好循環の波を起こしていきます。自らの「やる気の素《もと》」につながり、「ついつい行動してしまう」ということがごく普通となり、思いもかけないチャンスを次々つかんで、人生を好転させていくのです。

本書は、

「どうも日ごろから自信がもてない」
「自分のことを好きとはっきり言えない」
「人間関係に悩みがあり、生きづらさを感じる」

という方に向けて、自分自身を見つめ直し、いつしか失っていた「自信」を取り戻し、毎日を活き活きと過ごしてもらえるように……との願いをこめて書かせていただきました。どんなに自信のない人でも、自分の内面を探求していけば、自信を取り戻すことは可能だということを説いた本です。

自信を取り戻すためのキーワードが「あそび」です。

「あそび」については第2章で詳しくご説明しますが、この中に、わたしたちの自信を生み出すヒントが隠されているのです。

「あそび」を通じて、「主体感」と「肯定感」と「有能感」の3つの感覚が高まり、自分のことを好きになります。

どんなに絶望していても、やがて自らの希望に気づくことができます。

どんなに自分には無理だと思っていても、やりたい気持ちが大きくなれば、無理を承知でやってしまいます。

本書で紹介する自信を取り戻すための「あそび」は、あなたの人生の質を劇的に変えます！

自信とは、わたしたちの人生の基盤です。
基盤がしっかりしていれば、人生もビジネスも人間関係も必ず好転します。

今回、「過去」「現在」「未来」という3つの切り口からあなた自身のポジティブな側面を発見していけるように、自信を取り戻すための21種類の「あそび」を用意しました。

本書を読み進めながら、それぞれの「あそび」を実際に楽しんでみてください。どの「あそび」もあなたの人生を豊かにし、輝かしい未来を現実のものとするのに役立つようになっています。

21種類の「あそび」に取り組むことで、

・自分を縛るものから自由になれる
・人間関係がうまくいくようになる
・他人に振り回されなくなる
・すぐ不安にならない

- **充実感や幸福感が増す**
- **落ち込んでも立ち直りが早くなる**
- **自己肯定感が高まる**
- **行動する力が生まれる**
- **不安やストレスが激減する**
- **夢の実現が加速する**

などの効果を得られます。

本書があなたの日々の暮らしのなかで、自信に溢れた生活を取り戻す一助となるならば、著者としてこれほどうれしいことはありません。

夢実現応援家® 藤由達藏

本書の使い方

本書は、著者の藤由達藏が考案した
自分を好きになり、自信を取り戻す
21種類のメソッド（本書では「あそび」と呼びます）
をご紹介している本です。

メソッドに取り組むために
以下のものを用意してください。

＜**用意するもの**＞
・使っていないノート、コピー用紙など
・鉛筆またはペン（できれば消せるタイプ）
・フセン（正方形でも長方形でもOK）
・あそびゴコロ

また、このメソッドに合わせて作成した
本書オリジナルのシート（PDF）を
購入者限定で無料ダウンロードできますので
出力してお使いいただけます。
詳しくは本書の最終ページをご覧ください。

自分になかなか自信をもてないあなたへ

もくじ

目次

第2章 「本当の自信をもつ人」の思考法

第3章 「自分を縛り付けていたもの」を手放す【過去】

第4章 「今の自分の状況」を知る【現在】

第5章

「未来の自分」を変える【未来】

第6章 「夢を叶える自分」になる【行動】

第1章

自信がないと心に「スギ」が生える？

無理をし「スギ」ではありませんか？

満員の通勤電車の中や出勤前の人の顔を見ていると、誰もが表情を失い、生気のない顔をしているように見えます。とにかく現状を堪え忍ぶことに精いっぱいで、朝からグッタリしている人が多いようです。

仕事の量や職場の人間関係、はたまたプライベートの悩みなのか。まるでこれから戦場へ赴かねばならないような表情です。

そうしたつらさを感じている人に共通しているのが、ある種の〝過剰さ〟を抱えているということ。**自分が抱えられる適量を超え、度が過ぎた状態です。**その状態や行動が、その人たちを生きづらくしているのではないでしょうか。

ある種の過剰さが心の中に生じると、まさに「杉（スギ）の樹」のようにぐんぐん伸びて、心の余裕を埋め尽くしてしまいます。

忙しい人たちの心の中に生えた「スギ」

心の中に生えるスギ（＝過剰さ）の樹には、いくつかの種類があります。

合わせスギ

自分よりも他人を優先して、同調して合わせようとする人の心の中に生えています。誰といても周囲の意見に合わせるので、その場では和やかになりますが、意見の対立がある場では居場所がなくなります。その都度相手に合わせるので、非常に疲れます。息抜きしないと大変です。

いい人スギ

「嫌われたくない」という思いが強く、俗に言う八方美人タイプの人の心の中に生えています。誰からも「いい子だね」と言われる割には、仕事でもなんでも押し付けられて損な役回りが多いです。誰からも同じように好かれたいと思い、笑顔をたやさず本音を隠します。

繊細スギ

自分の意見と異なる意見を言われると傷ついたり、些細なことが気になってピリピリする人の心の中に生えています。他人にしてみると、そんな意味で言ったのではないということがよくあり、深読みしすぎな場合もあります。人の気持ちを察するのが得意で、気が利く面もあります。

気の使いスギ

先回りをして気苦労が多い人の心の中に生えています。関係者が増えると気苦労が倍増するので、てんてこ舞いになったりパニックになったりします。人一倍気を使うので、他人の無神経さに腹が立つこともしばしば。気を使った相手が理解してくれていないことに愕然とすることもあります。

自分責めスギ

自分の欠点を見つけては、自分を激しく責めてしまう人の心の中に生えています。誰を見ても、自分より素晴らしく見えてしまいます。我が身を振り返れば欠点ばかり。「どうしてこんなにもダメなんだ！」と自分を責めてばかりいます。自分を責めていないと落ち着かないほどです。

理想高スギ

現実を直視せず、理想ばかり見るようなタイプの人の心の中に生えています。努力家で、理想に向かって常に頑張っている人もいます。しかし、その理想に苦しめられて、どうにもならなくなることもあります。時には理想に押しつぶされたり、放り出したりもします。理想で他人を裁くことも。

仕事抱えスギ

他人に頼んだり任せたりすることができないので、いつも仕事に忙殺されている人の心に生えています。人に頼んでも、却って自分の作業が増えるとわかっているので、ハナから誰にも頼まず全部自分でやろうと抱えてしまいます。そして、自分より先に人が帰ったりすると腹が立ちます。

評価気にしスギ

上長や周囲の評価を気にしすぎるあまり、自分を見失い、振り回されてしまいます。とにかく人目が怖いのです。常に「人の評価によって自分の価値が決まってしまう」という恐怖があります。誰からも評価を下げられないように、日々気を使っています。努力は苦でも義務だと考えます。

変化恐れスギ

現状に満足しているわけではありませんが、かといって、これ以上悪くなるのも困るということで身動きしたくないという人の心の中に生えています。希望なんてないと言うのですが、今より悪くなることだけは許せない。今よりよくならないのならば現状維持が一番だと思っています。

失敗恐れスギ

やる前から失敗を極度に怖れ、一切行動できなくなってしまう人の心の中に生えています。とにかく失敗したら「この世の終わり」というくらい怖いので、準備をしっかりしようとします。しかし、緊張のあまりその準備もよくできないことも多く、結局失敗してつらい思いをします。

主張しなさスギ

何か言えば叩かれるのではないかと恐れている人の心の中に生えています。自分が主張したところで何も変わらないとあきらめている。誰かが解決してくれたらその決定に従う。それが一番楽だし、それ以外の手は考えられない。「わたしに意見なんて求めないで欲しい」と思っています。

批判恐れスギ

他人に批判されると、自分の存在価値が一気になくなってしまうかのごとく恐れている人の心の中に生えています。村八分になるのが一番怖いのです。時には、先手を打って他人の批判をしたりします。それは本意ではないのですが、身を守るためにはしかたないと思っています。

心配しスギ

取り越し苦労ばかりの毎日で、起きていないことでも、いつもあれこれ先回りして不安になって落ち着かない人の心の中に生えています。未来のことがとにかく心配で、悪いことが起こるのを想像しがち。もっといいことが起きるのをイメージしてもいいのですが、基本的にネガティブです。

待ちスギ

一歩を踏み出す勇気がない人や、もっと後になればいいチャンスがあるかもしれないと待ち続ける人の心の中に生えています。何が正しいのか、イメージがわかないのです。これまでは、待っていればいいこともあったかもしれません。これからもそんな都合のいい展開を期待しています。

がんばりスギ

傍から見ると明らかに無理を重ねて頑張っているような人の心の中に生えています。それが自分の能力を示せる唯一の機会だと言わんばかりに。実際にはそこまでの精度や量を求められていないのですが、本人はドヤ顔です。しかし、無理を重ねているので、次第に疲労がたまってきます。

自信がないから「過剰」になってしまう

いろいろな「スギ」を見てきました。これらは、生きづらさを抱えている人の心に生えている「スギ（過剰さ）」の一部です。探してみればまだまだほかにもたくさんの種類があることでしょう。

どんな種類のスギであっても、心の中にたくさん生えすぎて、林や森になっている方もいます。

はっきりした理由もわからないまま、何でもやりすぎてしまっている方。休みが欲しいと思いながらも息つく暇もなく、仕事を押し付けられ、人間関係に疲れている方。

どうしてそんなに追い込まれているのでしょうか？

なぜそんなに無理をしなければいけないのでしょうか？

どうも、過剰なことをすることによって何かを補おうとしているようです。何を補おうとしているのでしょうか。

それは、「自信」です。

自信がないのです。

だから「スギ」で自信のなさを埋め合わせようとしているのです。バランスを取ろうと必死なのです。意見を求められても自分の意見に自信がなければ、他人の意見に過剰に同調します。仕事の質に自信がなければ、長い時間働くことでバランスを取ろうと考えます。

これが「スギ」の生える理由です。

しかし「スギ」が多ければ多いほど、わたしたちの仕事と暮らしはバランスを崩してしまいます。

バランスが崩れ、生きづらい人生や仕事は、いつか誰かが解決してくれるものでしょうか。

「有能な上司が来てくれたら、こんな問題は一発で解決するのに」
「もっと景気が回復したら、こんな働き方も改善するはずだ」
「新しいシステムが導入されたら、こんな無駄な仕事もなくなるさ」

果たして、その「いつか」はやってくるものでしょうか。

他人や環境が変わりさえすれば、あっさり解決しますか？　あなたの生きがいや、やりがい、面白みなどはあなた以外の誰にわかるというのでしょう。

たくさんの「スギ」を抱え、生きづらくなっている人は、自信を取り戻す必要があります。

「スギ」だらけの心に必要なものとは？

「スギ」が生えすぎて心の中が覆われると、自分の「好き」がわからなくなってしまい、結果として「スギ」はさらに増殖します。

「好き」とは、「好きなこと、またはもの」のことです。「好きだ」という感情は、「近づいたり、取り入れたりすると快い」と感じることです。

好ましいものには近づきたくなります。好きなことであれば、行動したくなります。「好き」は「行動力」を強化します。

まずは、「スギ」だらけになっている心の中に「あそび」をつくる必要があります。「**ハンドルのあそび」とか「歯車のあそび」とか言うように、「あそび」は、過剰に密集した「スギ」の林に「すきま」を空けてくれます。**

息の詰まる生真面目さとか四角四面な生き方から解放してくれる「あそび」を取り入れて、ホッとひと息ついてください。

「あそび？　そんな時間ないよ！」

そうおっしゃるかもしれません。やらなければいけないことに追われていると、自然と「あそび」がなくなってしまいます。

今のわたしたちの「仕事」は、いつのまにか「Busy（忙しい）」を語源とする「Business（忙しさ）」になってしまいました。

そんなわたしたちでも子どものころは、「あそび」が「仕事」でした。毎日飽きるほどあそんでいたはずです。

もしも、今の「仕事」が「あそび」になるとしたらどうでしょうか？　あるいは「仕事」の合間に「あそび」を入れることができるならどうですか？

あなたは生活のなかで「スギ」のかわりに「好き」を生み出すことができます。

あなたの「好き」をきっかけにして「自信」を取り戻していくことができるのです。

「スギ」だらけの心の中に「あそび」を！

「本当の自信をもつ人」ってどんな人？

「自分には無理！　変わりっこない！」と思う方もいるでしょう。

でも、どんな人も、いつでも「自信のある人」に変わることができます。

ただ、自信のある人にも、いろいろなタイプの人がいるということを知っておきましょう。

自信たっぷりなのに実は虚勢ばかり張っている人。自分が一番偉いと思って人を見下したり、パワーハラスメントをする人。「オラオラ系」と呼ばれる、人を恫喝して支配しようとする人。

みんな一見、自信ありげです。あなたはそんな人になりたいですか？


わたしたちが目指すのは、「本当の自信をもつ人」。

そのような「本当の自信をもつ人」というのは、どういった人でしょうか。

実際には、いろいろなタイプの人がいます。人の性格は多種多様。自信の表れ方もさまざまです。

本章ではここから、いろいろなタイプの自信をもった人のイメージを挙げていきます。

あなたにとって理想的と思われる「本当の自信をもつ人」のイメージを一緒に探っていきましょう!

「本当の自信をもつ人」は、どんなときでも落ち着いている

これまで自信満々だった人も、まったく経験のない新しい仕事を与えられ、知り合いのいない部署に配属されて、誰ともコミュニケーションが取れない状況が生まれたら、その人の自信は大幅に低下するでしょう。

新しく入った会社や趣味のサークル、同窓会などの集まりで仲間に入れてもらえなかった。会議室で長時間、社長や上司から罵られ、存在を全否定された。正社員なのに、気に入らないという理由だけで契約社員にするぞと脅された。ノルマを達成したのに、不当な理由で自分だけボーナスが出なかったり少なかったりした。

そうしたさまざまな状況によって、自信が低下することがあります。

自信が低下しているときは、人の些細な言葉に敏感になったり、振り回されて

しまいがちですよね。

そんなとき、誰が何を言おうと、どっしりと構えていられたらいいですね。

他人の意見は意見として尊重しつつも、自分の意見があって自説を述べるように言われたら堂々と意見を言える。自分の考えに対しても自信があるし、根拠があろうがなかろうがいろいろなことについて「自分はこう思う」という意見をもてている状態。

突発的な事態が起きても、慌てないで周囲を確認しながら的確な行動が起こせたらいいですね。忘れ物をしたことに気づいたとか、スケジュールを間違えたことに気づいたとか、頼みにしていた仲間が急にお休みになってしまい、自分に責任が降りかかってきたとか。

突然何かが起こるということはよくあることです。そんなときにも冷静に対応できる自信が欲しいものです。

「本当の自信をもつ人」は、しなやかに立ち直る

世の中にはいろいろな人がいます。

いろいろなことが起こります。

ショックを受けることもあるし、感情的に大きく揺さぶられることもあります。

それでも一時的に落ち込むことはあっても、しばらくしたらまた元気を取り戻すことができるのが、「本当の自信をもつ人」です。

できると思っていたのに大失敗した。練習を重ねてきたのに試合で大敗した。

恋人や配偶者が浮気した。失恋した。離婚した。

こういった、なかなか受け入れがたい現実に直面して、自信が揺らぐことが人生にはあります。**それでもまた立ち上がる強さをもっている人。揺らいで、壊れそうになっても再び立ち上がれる勇気をもっている人。**最近は「レジリエンス」

という言葉も使われているようですが、そんな人は、しなやかな自信をもっている人です。

「しなやか」というのは、柔らかく形を変えることがあってもまた元に戻る力があることを指します。柔軟な復元力があるということです。それは強靭だということでもあります。

剛直でガチガチな堅さのみが「強い」のではありません。柔軟でしなやかな強さもあるのです。そんな強さを持った人や、どんなことがあっても立ち直ろうとする人も、自信のある人だと言えるでしょう。

世の中は常に変化しています。順風のときもあれば逆風のときもある。**自信のある人は、時の運も受け入れて、うまくいかないときは「雌伏の時期」と心得て、チャンスを待つことができます。**

自分と環境のマッチングがうまくいかないだけとあきらめて、なすべきことをなすという落ち着きがあります。

考えてみれば、世界の流れを個人ひとりで動かせるわけではありません。いかに自分を保ち、流れを活かすかということを考えるのです。

「本当の自信をもつ人」は、あるがままを認めている

「あるがままを認める」

この言葉はいろんなところで目にしますが、よくよく考えると、なかなか難しいことだと思いませんか?

世の中は、自分の思うようにはできていません。嫌なことも、嫌な人もいます。自分に対しても、嫌な部分や見たくない部分があるものです。

それら、自分と他人と全世界の嫌な部分もひっくるめて、すべてをあるがまま、そのままに受け止めて認める人というのは、尋常じゃないくらい強い人なのだと思います。「そんな人こそ強い自信をもっている」というのは、想像に難くありません。

わたしたちは、現実を自分に都合よく解釈したり、あるいは悪いほうに解釈したりするくせがあります。色眼鏡で現実を見ているようなものです。

自分のフィルターを外す、というのは難しいことではありますが、**自分のフィルター自体をクリアにしたりして、できるだけ現実をあるがままに捉えようとする人は、自分の立場に固執せず、広い心を持った自信のある人だと言えます。**

自分を取り巻く世界に対してもそうです。

あるがままを見ようとし、自分についてもあるがままを受け入れようとする態度に、自信のほどが表れています。

我が身に起こったあらゆる出来事を、「そんなことあるべきではない!」と叫んだところで、事実は変わりません。起きたことを踏まえて、次に何ができるかを考える。出来事の上に、出来事を積み重ねて、よりよい未来を構築していく。

これが「建設的に考え、行動する」ということです。

だから本当の自信をもつ人は、建設的に行動できるのです。

「本当の自信をもつ人」は、自分の強さも弱さも受け入れている

あるがままに現実を受け入れるかどうかは別にしても、特に自分については強みも弱みも理解している人は、比較的安定して自信を保てます。

自分のダメなところや弱いところばかりに意識がいくと、自分という存在がちっぽけなものに思えてしまって、大事にしようとしません。そうするとみるみる自信がなくなっていきます。

自分は人生の主人公であるということを感じられなくなります。

わたしなんて……と卑下しがちで、いつのまにか「すいません」が口癖になってしまうのです。

逆に、自分の強いところをやたらとドヤ顔でアピールしてくる人は、実は自分の弱みに気づいていて、その弱みに気づかれないように強みを強調している可能性

性があります。無理に自分を大きく見せようとしてしまう人は、実は自信がないのです。

自分の強みも弱みも理解して、自然体でその場にふさわしい行動が取れる人は、本当の自信がある人です。

無理をして弱みを隠そうとしないし、無理に強みを押し出そうともしないので、無駄なエネルギーを使っていません。その分、無駄な消耗もしないので、出すべきときに力を発揮することができます。

物事に成功するにはこういった姿勢が大事です。こういう人も自信のある人だと言えます。

そもそも人類の発展の歴史は、弱みの認識とその克服の歩みだと言えます。生まれただけでは生きられないとなれば、家族をつくり、社会をつくる。動物に比べて毛皮もなく、寒暖の調節がしにくいとなれば、衣服をつくり、動植物を食べやすくするために調理をし、食欲を維持するために、味付けをする。

身の回りのすべてのものは、私たちの弱みを補う発明品だらけです。過去の人類が弱みを受け入れたからこそ、今、ここに生きていられるのです。

「本当の自信をもつ人」は、他人の不完全さを受け入れている

自分にも強みと弱みがあるように、他人にも強みと弱みがあるということを理解している人は自信のある人です。

誰だって弱みがあるのです。それを「お前にはこういう弱いところがある!」「お前はこういうところがダメだ!」と鬼の首でも取ったような反応をする人は自分に自信のない人です。

どこに弱みのない人がいるでしょうか。誰だって弱みのひとつやふたつはあるのですから、とりたてて騒ぐほどのことではありません。**立場を利用して人を罵倒するパワハラは、実はこうした自信のなさからきているといっていいでしょう。**

そもそも、この世界がそうではないですか。完全で完璧だと言えるでしょうか。世界に貧困がなく、戦争もない、自然災害や不幸もなければ不公平も不平等もな

いなどと言えるでしょうか。

わたしたちの存在するこの宇宙自体が、まったく不完全な存在です。

ちっとも完璧ではありませんし、理想的でもありません。

しかし、そこがわたしたちが現実に住む宇宙なのです。常に変化しながら、なおかつ常に不完全であるこの宇宙は、138億年の歴史をもちながら、いつもそんな状態なのです。この不完全な宇宙が完全な状態なのです。

自分自身も不完全です。

同じように他人だって不完全なのです。

他人の不完全さを、素晴らしいところと素晴らしくないところ、いいところと悪いところをすべて併せ持った「完全なもの」として受け入れることができたら、その人は安定して落ち着いた態度を取ることができるでしょう。

そんな器の大きな考えをもてる人は、自信のある人です。

他人の不完全を受け入れることができたら、おのずと自信をもつことができるでしょう。

「本当の自信をもつ人」は、「ごめんなさい」も「ありがとう」も素直に言える

この宇宙の不完全さを、完全に受け入れることができなくても構いません。それでも、ひとまずこの宇宙と他人と自分のどれもが、完全で完璧というわけではないということを理解することは可能です。

「完璧でも完全でもないわたしたちのやることなすことは、タカが知れている」

そんなふうに感じることができたら、失敗するのは当たり前、間違うのも当たり前、うまくいったらそれはラッキー！　と思えてくるでしょう。

しかも、もし失敗したり間違ったら「ごめんなさい」と謝ることを厭いません。

誰かのおかげでうまくいったら「ありがとう」と感謝することをためらいません。

自分の立場にこだわるとか、プライドが許さない、などといった小さなことを気にしません。

「本当の自信をもつ人」は、もしも感謝や謝罪の言葉を伝え損ねたら、あらためてきちんと伝えればいいと考えます。

遅くなったから気まずいなぁ……と考えるよりも、もっと遅くなるほうが気まずいと考えて早めに手を打つこともできます。

素直に謝ったり、素直に感謝の言葉を言える、「本当の自信をもつ人」は、実に清々しいものです。

「ありがとう」という言葉には、「この過酷な世界では望むべくもない奇跡的なことだ」という気持ちが込められています。「ごめんなさい」は「ゆるしてください」という懇願です。

自分の過ちが奇跡的に許されたならば、「この世は捨てたもんじゃない」という自覚が生まれます。これらの言葉をつかううちに、結果として、居心地のよい自信が醸成されていくのです。

「本当の自信をもつ人」は、決断も早く行動も早い

あらゆることを受け入れて、こだわりや執着を捨て去ってしまうと、心の中がクリアになります。余計な思惑や悩みなどがないからです。晴れ渡る空のような心持ちでいると、心の奥底からの直感をとらえやすくなります。

その直感も、余計なバイアスがかかっていないので、ストレートでわかりやすいものが入ってきます。

そのような直感を受け取って、すぐに行動できる人は自信のある人です。

自信のない人は、直感を得たとしても素直に受け取れません。とてもいいアイディアであったとしても、「そんなことできるかなあ。無理だよ」と却下してしまいます。

自信のある人ならば、「お、それはいいな。早速調べてみよう！」と行動しは

じめます。実際に直感で得たアイディアを検証してみて、無理なら取り組まなければいいし、できそうならそのまま進めていくことができます。日ごろから、悩みをすぐに解消して抱え込まないので、ちょっとしたアイディアも素直に受け止め、行動することができるのです。

だからこそ、「本当の自信をもつ人」は、すぐに行動します。

そもそも行動を引き留めるものがほとんどないのです。何があっても「断る理由はないですね」と言ってすぐに行動するようなものです。

気分を上げて、モヤモヤを払うように心の中の悩みや思い惑いを取り除いていけば、自然と人は素直になります。

「素直」という言葉は、「素に直る」と読み替えて味わうととても深い言葉です。自信は素直に通じ、素直であれば、行動力は制限を突破します。だから素直になると行動が早くなるのです。

「本当の自信をもつ人」は、自分のやる気の素を理解している

自信のある人は、自分の感情や思考を〝あるがまま〟受け止めています。そういうことを日々続けていくと、自分が本当は何をしたいのか、どうありたいのかということについても常に考え、行動していくことになります。その結果、自信のある人は自分の「やる気の素《もと》」についてよく知っています。

「やる気の素」とは、「その人がやる気になる原因となるもの」のことです。やる気を出す目的のことでもあります。

筆者はセミナーやコーチングを行う際、このやる気の素を〝「心躍る未来像」と「譲れない価値観」とによって構成されている〟と説明しています。

「心躍る未来像」とは、あなたが将来的にどうありたいか。

どこで誰と何をどのようにしていたら、自分の心がワクワクするのか。

どんな場面にいたら胸が躍るのか。

そんなことを考えていくなかで見いだされるイメージが「心躍る未来像」です。

目を閉じてその場面を思い描いただけで、ワクワクするような愉快な光景です。

「譲れない価値観」は、今も将来も、「これだけは絶対に譲れない！」という価値観や、「これさえ満たされたら他に何も言うことはない」というような価値観のことです。

価値観とは、大事にしているこだわりであったり、善悪・好悪の判断基準であったりします。たとえば、「気の置けない友達とおしゃべりする時間は欠かせない」とか、「お風呂上がりにブログを書いているときが至福の時間」だとか、「仕事のノルマを達成したときが一番の快楽で、そんな体験をずっと積み重ねていきたい」というような、人それぞれが大事にしている気持ちです。

このような未来像や価値観を明確に自覚すると、それは自分の行動に拍車をか

ける**「やる気の素」として機能しだすのです。**自信のある人は自分のあるがままを受け入れていて、自分のそういったこだわり（譲れない価値観）や将来像（心躍る未来像）をよく理解するようになります。

「こういう場合は人と会うとやる気が出る」とか、「ライバルがいたほうがやる気が出る」とか、「手順書に全部書き出さないと仕事に取り組んでいる気がしない」など——自分のやる気の出る方法や手順、進め方などをよく理解すると、どんな仕事や課題でも、自分のやる気に火をつけて取り組むことができます。

結果として、「あの人はいつもやる気満々で元気だね！」と言われるようになるのです。やる気満々だとしても、無理をしてそうなっているのではないのです。**自分のやる気の素を熟知しているからこそ、どんなことにもやる気の炎を自分自身で着火できるということなのです。**

「本当の自信をもつ人」は、他人の立場を考えられる

「本当の自信をもつ人」は、自分は自分、他人は他人という線引きをできる人です。自分のこだわりは自分にしかわからないかもしれないが、それはそれで構わない。特に趣味の領域について、他人に理解されなくてもそれはそれでいいとして、安穏としていられます。

自分の立場は自分にしかわからない。ならば、他人の立場はその本人にしかわからない。だからこそ、他人の立場をおもんぱかろうとします。

具体的にはどうするか?

人の話をよく聞こうとします。

他人の考えはわからない。ならば聞けばいい、ということです。聞くことはまったく恥ずかしいことではない、と考えるのです。

よく自分の気持ちの一部分を話しただけで、「あとは言わなくてもわかるでしょう？」という人がいますが、本当に人は一人ひとり違っているということを理解したら、そういうわけにはいかなくなります。

「いわずもがな」というのは、誰もが必ずそう思うという、よほどの共通基盤があってのことです。日本文化のなかでも特に、狭い地域の村社会、あるいは家庭生活の中には、皆まで言わずとも理解できるという関係もありますが、社会一般にそれを適用するのは難しいことです。

自信のある人は、伝わるのか伝わらないのかを冷静に判断することができます。

「俺（私）の言うことがなんでわからないんだ！」と怒鳴る人が身近にいたら、「この人は自信がないから吠えるのだ」と冷静に見ることです。

自信のある人は、「通じないはずがない」と思い込んだり、決めつけたりせずに人の話を聞くことができます。

「本当の自信をもつ人」は、他人の心にズカズカと土足で踏みこまない

人の強さばかりか弱さをも認めている人ならば、自分にだって弱みもあれば、他人に触れられたくない部分があることを知っています。だからこそ、他人の心のデリケートな部分にもズカズカと足を踏み入れません。

しかし、人というものは千差万別。注意を払っていても、気を使ったつもりであっても、知らぬうちに人の気に障る言動をとることもあります。そんなときには、率直に謝り、気に障るように意図したわけではないということを伝えます。

その上で許してくれず、自分のことを理解してくれないとしたら、それはそれで仕方ないと諦めて、人は人、自分は自分と思っていられる人が自信のある人です。**他人が自分を嫌うのもその人の自由。あるがままの自分でいるのも自分の自由。そうして安心していられる人は「本当の自信をもつ人」です。**

さて、いかがでしょうか。「本当の自信をもつ人」といってもさまざまなタイプのあることが見えてきました。ここに述べた特徴のすべてをひとりの人が持っているということはまずありません。自信の表れ方が人によって違うからです。

次章では、ここまで見てきたいろいろなタイプに共通する「自信の本質」について迫っていきます。

第2章

「本当の自信をもつ人」の思考法

「本当の自信をもつ人」が抱く3つの感覚とは？

自信をもつというのは、一体どんな状態なのでしょうか。

文字から考えて「自分を信じる」としてみたり、「自分を信頼する」とか、そうではなくて「自分を信用するのだ」と考えていくとなかなかわからなくなります。あるいは心理学の文献などを引っ張り出してきて、「Self esteem」とか「Self confidence」などと言い換えて、英語で考えようとしたらますますわからなくなります。

また、前章で見たように、「本当の自信をもつ人」というのも具体的にはかなりのバリエーションがあります。そこに共通した要素を抽出すると、どのようになるでしょうか。

ここでは、私がふだんお客様に対して行っているコーチングの対話を通じてわかった、「本当の自信をもつ人」が抱く3つの感覚についてご紹介します。

感覚1「わたしは主人公だ！」

ひとつ目は、「自分は人生の主人公であると感じられている状態」です。**自分は主役であって、ライバル役でもなければ脇役でもなく、ましてやその他大勢や風景の一部などではない！　という意志がある状態です。**ほかの何かにべったり依存せず、個人として安定した存在であるという感覚です。

自ら独立して生きている。自ら決定権を持っている。行動の責任は自分にある。

この感覚が高い人は、「人は自分の人生を動かす主体である」という実感があります。**根拠があろうとなかろうと、自分はこの世に存在する価値があると思えている状態です。**

自分は人生の主人公だからこそ、自分のことは自分でできる。特に、自分のやりたいことは自分がやらなければ誰がやる⁉　という強い気持ちがあります。もしも助けを求められたら、他人のことを助けることだってできる！　という余裕を感じることもできます。

そんな人生の主人公にだって、つらいとき、苦しいときがある。そんなときは、やせ我慢せずに誰かに助けを求めよう。

その誰かもやはりその人の人生の主人公なのだ。こんなふうに感じることができます。

この感覚が高い人の状態をセリフで表すと、

「わたしのやりたいことをわたしがやらなくて誰がやる？」

「わたしがやります！」

「自分のことは自分が一番わかっています」

「ああ、見ていられないなあ、（自分に）やらせてみな」

もしもこの感覚がなくて、自分は人生の主人公だと思えなかったとしたら、他人もその人の人生の主人公であるというイメージが湧きません。自分に人生を動かす力がないならば、他人にもそれはないはず。そうであれば、誰かに頼られることはできず、自分も誰かに頼ることができません。それでは、あまりに人生に対して無力です。

自信があるかないかは、この感覚の強度に関係しています。

もちろん、いくらこの「主人公」感が大事だといっても、わたしたちは誰もがひとりでは生きていけない社会的な生き物です。

生まれたばかりのころは、肉体的にも精神的にも「自他未分離」の状態を経験し、親や社会の庇護がなければ生存すらできません。やがて親からの肉体的な分離と精神的な分離を認識するようになり、社会生活を学び自立していきます。

この自立に至る過程で、「自分は自分の人生の主人公である」という認識を得ていき、本当の自信が芽生えてきます。

感覚2「いていいんだ！」

自信を構成する感覚のふたつ目は「自己肯定感」。「いていいんだ！」と、自分の存在を認め、受け入れている感覚です。

肯定感は、存在（そこにあるということ）を承認し、受容し、愛好するという感覚をともなっています。**ひとことで言えば、肯定感とは、「あるがままを受け入れている」感覚のことです。**

肯定感が高ければ、あるがままの自分、素の自分、そのままの自分を〝そのまま〟受け入れることができます。同時に「受け入れられている安心感」を持ちます。

肯定感が低いと、ありのままの自分に不安を感じたり、ある条件をクリアしていなければ生きていけないというような感覚を持ったりすることになります。

「肯定感」が高い状態をセリフで表すなら、

「いていいんだ！」

「アリ、なんだ！」

「安心する！」

「気兼ねなく、くつろげる！」

「ホッとするね」


肯定感の反対は、否定感です。そこにあるものを「ない」として否定する気持ちは、拒否・拒絶・破壊へとつながっていきます。自分の存在を否定して、いいところも悪いところも拒否・拒絶して、すべてを破壊するとなったら、自信が失われるのは当然です。

肯定感は、いいことも悪いことも評価したり判断したりすることなく、そのまま受け入れ（受容し）ます。それは自分を大切にする心（自愛または愛好）へとつながっていきます。**肯定感を高めることで、自信を高めることができます。**

感覚３「できる！」

自信を構成する３つ目の感覚は、自分には行動・実行できる能力がある、と思えている感覚です。そのことをやる資格がある、能力を高めることができる、という意識をともなっています。

「できる」といっても、特別に優れている必要はありません。**ひとことで言えば、「自分には能力があると思っている状態」です。**

何かに取り組もうと思いながらも尻込みしてしまう場合、心の底で「できない」と思っている可能性があります。当然のことながら、「できない」と思っていたら取り組むことはできません。逆に「できる」気がしていればおのずと取り組みはじめます。

行動の種類によって、この感覚にはバラツキがあります。

たとえばある人は、サッカーなら「できる」と感じるが、数学や物理となるとからっきしダメで「できない」と感じる、など。

また、今までにやったことのないことや取り組んだことのないことについても、この感覚を抱くことがあります。過去の経験から想像して考えてみたり、自分の意欲の強さから「できる！」と感じることがあるのです。

「やってみたい！」と強く思うときは、「できるかな？」と確信を持てなくても「できるはず！」と自分に言い聞かせるようなエネルギーがあります。**心のなかで葛藤があったとしても「とにかくやってみたい！」が勝ってしまうとき、それはこの感覚がある証拠です。**

また、結果の成功失敗にかかわらず、自分にはそれに取り組む資格があるというのもこの感覚のひとつの感じられ方です。

「有能感」をセリフで表すと次のようになります。

「できる！」
「できない気がしない！」
「やれる！」

「できて当たり前だ」
「任せてください！」
「やりがいがありますね！」
「チャレンジしよう！」

しかし、やりたいことがあって、自分には「できるはず！」という思いがあるのに、怖くてできない、という場合があります。

たとえば、「歌うのが大好きだ」という人がいたとします。本人は、歌が大の得意だと思っています。そして、プロのシンガーとして活躍したいとも思っている。しかし、シンガーとしての活動に踏み出せない。自分には才能があると感じているのに、人前で歌う機会を持つことが「怖い」と感じている。

この方は、人前で歌いたいと思っているのに、もしも実際に歌ってみたら誰からも称賛されず、評価がよくないのではないかと不安に感じています。

自分が歌いたいと感じているわけですから、「わたしは主人公だ！」という感覚はあります。しかし、この世界に受け入れられる感覚を持てないでいるので、

3つの感覚のどれかが低下すると……

「いていいんだ!」といった感覚は低いと考えられます。ただし、そうはいっても「できる!」という感覚は高いのです。だから自分のなかでも葛藤を感じているのです。**歌手としての意識と歌を歌う能力はあるものの、聴衆に受け入れられる可能性について肯定できないという状態です。**

このように、自信があるかどうかということを考えるときには、これまでご紹介した3つの感覚を確認してみるとよくわかります。

自信がないという人は、この3つのいずれかが低下している可能性があります。

あなたの自信を奪う3つの罠

もしも今のあなたに、これまでご紹介した3つの感覚のうちどれかが欠落しているのであれば、第1章で述べた何らかの「スギ」を伐採しなければなりません。どうして心に「スギ」を生やしてしまったのでしょうか。

最近、生活の中に「あそび」が不足していませんか?

82~83ページで詳しくご説明しますが、この「あそび」とは、単なる休日とかレジャーのことではありません。**あなたがあなたらしくいられて、屈託なく没頭できるような活動のことです。**

実は「あそび」の中に自信が育まれる秘密があるのです。誰でもしたいことをしているときは、自分が主人公になっています。そして自分の感覚を肯定しています。そしてあそびに没頭しているうちに、あそびに上達し、できることが増えていきます。こうして前述の３つの感覚がそれぞれ育まれていったのです。

誰もが自信を育てながら成長してきたのです。しかし長い時間を過ごすなかで、この自信が傷つけられたり、自信を失うという体験を重ねてしまったのです。

では、わたしたちはどのようにして自信を失ってしまうのでしょうか？　ついつい陥りがちな「罠」を見ていきましょう。

罠にご注意！

他人基準の幸せを追求してしまう罠

わたしたちは子どものころから、両親をはじめ、地域の大人や先生からさまざまな教えを受けて育ちます。大人たちは、よかれと思って「幸せになれる行動様式の〝詰め合わせ〟」を渡してくれます。それは、習慣とも文化とも教育とも、はたまた「しつけ」とも呼べるもので、渡す人によって違います。

その〝詰め合わせ〟の中には、自分には合わない「他人基準の幸せ」が含まれています。特に子どものころは、自分に合うのかどうかなど判断できないので、そのまま受け入れて、自分の価値基準にしてしまいます。

その基準をなんら検証せずに採用し続けていくと、苦しくなったりつらくなってきます。**そうなっているということは、その基準が今の自分にはふさわしくなくなってきたという「魂からのメッセージ」です。**

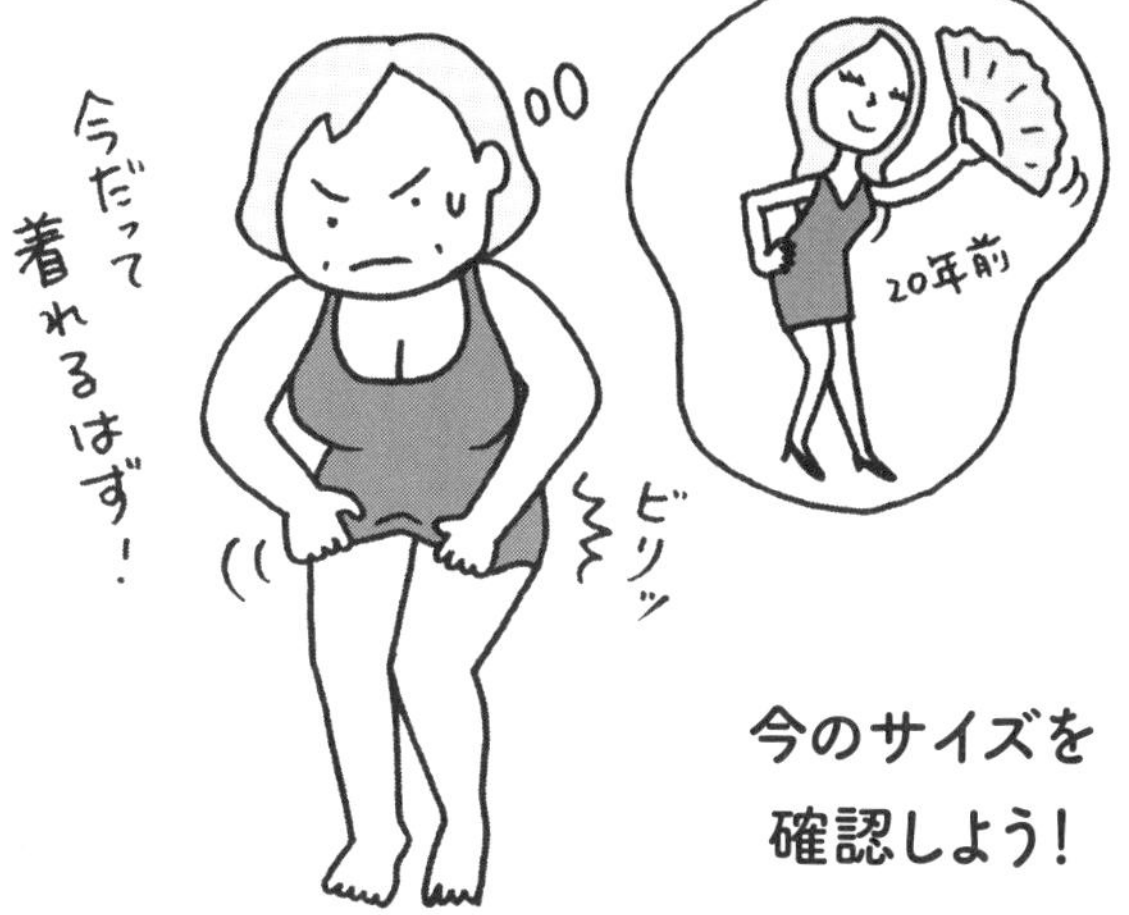
今だって
着れるはず！
ビリッ
20年前
今のサイズを
確認しよう！

基準がつらいなあ……と思いながら暮らしていくということは、すなわち「つらい」という自分の感情をダメ、と否定していることになります。**違和感のある基準を「いいこと」として採用し、心の声を無視しているのです。**

たとえばかつては着ることができたが、今となっては窮屈になってしまった服を着続けるようなものです。かつてスリムだったころの服のサイズをよしとして、現在のややぽっちゃりしてきた体型を否定する。そんなことを続けていくと、今の自分の体型に対する肯定感は高まりません。やせたいと思っている方はそうやって無理をしてでもダイエットしようとするかもしれませんが、現状の体型を否定していることに変わりはありません。「肯定感」が低下していきます。

もうひとつ例を挙げます。「何事にも完璧であれ」という基準を親から与えられているとしましょう。よく勉強していたあなたは、小学生のころ、テストはいつも満点。親の「完璧であれ」という基準を満たすことができたとします。しかし、高校生や大学生になるにつれ、学習内容が高度になり、いつでも満点というのはだんだんハードになっていきました。

さらに社会人になっても、親の呪縛から逃れられず、何でも完璧にこなそうとします。お客様の理不尽な要求や、上司や部下からの評価にさらされ、非常につらい。とてもじゃないけど、完璧というわけにはいかなくなります。仕事のできる同僚が妬ましくも思えてきます。

「何事にも完璧であれ」という親から与えられた基準を遵守したくても、できないのです。基準と現実が一致せず、基準を保持しようとすればするほど、「完璧でありたいけれど、完璧にできない」と、心に葛藤が生まれます。

「これまでも、これからも、常に基準は正しい」と信じる限り、自分をなかなか肯定できません。 やることなすことすべて完璧というわけにはいかないので、自らの能力不足を思い知らされて落ち込みます。

そもそも他人の価値基準を生きているわけですから、感覚1（「わたしは主人公だ！」）が失われます。そのうえ、感覚2（「いていいんだ！」）と感覚3（「できる！」）が傷つけられ、自分のことを「好き」といえない状態になります。その結果、自分に自信が持てなくなってしまいます。このケースの場合、そもそも守れないものを守るべき基準にしてしまった悲劇です。

親から与えられた基準は、子どものころのあくまで「暫定基準」です！ 成長段階に合わせて、現実にふさわしい「自分基準」を順次更新できていればよかったですね。

昔の一時的な基準に大人になっても縛られて、大切な自信を喪失してしまうというのは、非常にもったいない話だと思いませんか。

比較してしまう罠

わたしたちは、一人ひとりまったく違った人生を歩んでいます。生まれてから死ぬまで、世界中どこを探してもひとりとしてあなたとまったく同じ人生を歩む人はいません。同じ地域に住んでいても、同じ職場で過ごしていても、誰もが固有の人生を歩んでいます。

そうは言っても、初めから「まったく違うんだ、重なりあうことなんてないんだ」ということを強調しすぎたら、おそらく社会は成り立たないでしょう。だから、自他ともに互いの位置を確認し合うためにも、さまざまなものを比較したり、順位をつけたり、評価したりしていきます。

スマホの地図アプリなどで自分のいる位置を確認ことができるように、わたしたちは子どものころから、何らかの基準や指標と比較することで自分を理解してきました。この比較の過程で、自分に対する自信が揺り動かされることがあります。


たとえば「他人」との比較。

他人の仕事での成功や幸せそうな暮らしを見たり聞いたりしたとき、それに引き換え自分は仕事でもうまくいっていないし、その人みたいに幸せではないと感じてしまうことがあります。

悔しいと思うこともあれば妬ましいと思うこともあるでしょう。

または「理想」との比較。

自ら理想とする生活や実績を掲げて目標としたものの、いつまでも「理想」とはほど遠い現実にウンザリしてしまう。


「理想」は「理想」であって、それ以上でも以下でもありません。エリック・クラプトンがギターの神様と呼ばれて、その技巧がいかにすごくても、「あんなふうにはなれない……」と言って落ち込む必要はないのです。ましてやあなたがギターをあきらめる必要はまったくありません。

比較対象が「過去の自分」ということもあります。特に、過去に輝かしい実績のある人にありがちです。幼いころに「神童」と呼ばれた。実家にはかつての賞状やトロフィーが所狭しと飾られている。誰もが将来は、さぞ立派な人になるだろうと噂していた、などという方。

今は、それほどでもない、フツーの人。だけど、「昔は楽々できたのに……」と嘆き、現在の自分が許せないという思いが高じて自信を失ってしまう。「それほどでもない」という状態がいかに素晴らしいかに目がいかないで、自信を失ってしまうのです。

「他人」「理想」「過去の自分」。

それらと比較すること自体は悪いことではありません。**大事なのは、比較したあとにあなたがどのような行動を取るかです。**

比較したあとに、多くの方がやってしまうのが次の罠です。

自分のマイナスを探す罠

他人や理想や、過去の自分と比べたあとは、自分の欠点や失敗を探して「ダメ出し」してしまいがちです。

比較対象の「他人」「理想」「過去の自分」と比較して、自分の欠点や失敗をあげつらえば、勝敗はあきらかです。自分の欠点や失敗が意識を占めるようになり、肯定感が著しく低下していきます。

「自分は他人と比べてダメな人間だ」
「理想と比べて全然なってない」
「過去の自分と比べてどうしようもない人間に成り下がっている」

などと、全否定してしまうのです。視野を広げてみれば、他人と比べても部分的に優れた点や、理想と比較しても少しでも近づいている点、過去の自分と比べて、過去より勝っている点を見つけることもできるかもしれません。

そもそも、比較の対象にならないくらい素晴らしい点があるかもしれません。

しかし、比較した時点で視野が狭くなり、自分にダメ出しをしてしまうので肯定感が低下します。

しかし失敗は、時の運もあれば、環境的な要因も関わってきます。とはいえ、自分のやってしまった失敗なので、自分の能力に結びついて記憶されています。そのため、ほかの成功と比較して自分の失敗を取り上げていくと、自分の能力に対する自信が揺らいでいき、感覚3（「できる！」）が低下していくのです。

「あの人はできているのに、自分はできていない。自分は無能だ」
「本当は失敗しちゃいけなかったのに、自分はなんて能力がないんだ！」
「昔の自分ならできて当たり前だった。でも今の自分にはもう能力がない……」

自分にダメ出しすると……
失敗した〜
できる！
いていいんだ
わたしは主人公

などなど自分を否定し続けると「そんな自分は受け入れられない」と感じ、「できる気がしない」と決めつけ、「自信」がなくなるのです。

実際には、自信が徐々に失われていく、減少していくといったほうが正確です。

自信が完全に失われるということはないのです。それでも、わたしたちが視野を極端に狭くしてしまうと、完全に自信喪失してしまったと感じることもあります。

たとえば、仕事がすべてだと思っているときに、仕事上で失敗をしたら、ビジネスの世界での落伍者として「いたたまれない」と感じます。

もう自分の活躍するフィールドはなく

なったと思い、感覚1（「わたしは主人公だ！」）が傷つき、その現実を受け入れられないために、感覚2（「いていいんだ！」）も低下し、自分の能力のなさを痛感するために感覚3（「できる！」）が感じられなくなるのです。

しかし、視野を広げることさえできれば、「仕事がすべて」ではないということがわかります。視野を広げたところから、自分の居場所を見つけ、できているところを丁寧に見つけていけば、3つの感覚がまだ自分の中に残っていることがわかるでしょう。それによって自信を取り戻すことができます。

自分へのダメ出しは「自分いじめ」です！

まじめな方や、自分に厳しい人ほど「欠点探し」や「失敗探し」をしてしまいますが、度を過ぎれば、これは**「自分へのいじめ」**になります。

親友に同じことをやったらどうなるかを、想像してみればよくわかると思います。親友に会うたびに必要以上に欠点をあげつらい、失敗を指摘したらどうでしょうか。きっと険悪な関係に陥ってしまうでしょう。

いじめというのは一種の暴力です。ここでいう暴力とは、攻撃による、現実を思うままに支配したいという意思表現です。

どういうわけか、わたしたちには「攻撃すれば、自分と他者と現実を支配できるにちがいない」という思い込みがあるようです。そのため、気にくわない現実が目の前に現れると、怒りを覚え、ついつい攻撃してしまうのです。

人を黙らせるために殴る。これも攻撃によって他人を支配しようとする行為です。国際的な問題を解決するためにミサイルで威嚇をするというのも、軍事力によって相手国の財産を破壊したり、攻撃の意図を示したりすることで、自国の意思を相手に強制しようとするわけです。

攻撃の対象は、他人や現実のみならず「自分」にも向けられます。

自分の起こした結果を受け入れられず、なんとか変化させたい、思い通りにしたい！　という気持ちが勝って、「欠点探し」や「失敗探し」に始まり、自分の人格攻撃になり、「自分いじめ」に至ってしまうのです。


「こんな人間は、いなくなったほうがいい」

「なんてダメなヤツなんだ！」

「人間のクズ！」

「お前は仕事ができない！」

「なぜそんなこともできないんだ！」

「自分いじめ」は卒業しよう

こんなことを言われて気持ちのいい人はいません。

自分に言われても同じことです。自分をいじめると何かがよくなるのであれば、念仏を唱えるようにディスり続ければいいのですが、よくなることはありません。いくらいじめても、明るい未来がやってくるわけではありませんから……。

多くの人が陥るこの思い込みは、いわば「効果のない迷信」のようなものです。迷信とは根拠なく信じているものなので、それと意識されない限り、信じ続けてしまいます。だからこそ、タチが悪いのです。

この際、こんな「効果のない迷信」は手放してしまいましょう！

そうでないと、自分を傷つけ、自信を喪失させてしまうだけです。

やる気の素を生み出す「あそび」

「あそび」にこそわたしたちの存在意義があります。
「あそび」というと、思い出されるのが後白河上皇が当時流行していた今様歌の数々を集めて編んだという『梁塵秘抄《りょうじんひしょう》』の有名な童歌です。

遊びをせんとや生れけむ　戯れせんとや生れけん　遊ぶ子供の声きけば　我が身さえこそ動《ゆる》がるれ

味わい深く含蓄のある歌ですが、教科書などで見聞きしたことがあるのではないでしょうか。わたしなりに超訳すると、「わたしたちはあそびをするために生まれてきたんだよね」。

当時の時代状況など、わかりませんが、わたしたちが楽しい音楽を聴くと、ついつい踊りだすような高揚感があります。遊んでいる子どもの声を聞くと、体が動きだす。遊ぶ子どもに掻き立てられているのは、わたしたちの心の中にすむ純粋な「わたし」という存在であるような気がします。心が共鳴し、ついつい動きだしたくなるのです。

その純粋な「わたし」こそ、まさに「やる気の素」なのです。「やる気の素」に触れたとき、知らずに動きだしてしまう。やれと言われたからやるのではなく、ついついやりたくなって、居ても立ってもいられなくなってしまう。わたしは勝手に、この歌にそんな感想を抱いてしまいます。

「あそび」は、「遊び」であると同時に、あらゆるものの間にある「余地」であり、心の中の「余裕」です。そして、物事が動きはじめる刹那の揺らぎです。**「あそび」の中にこそ、現実を動かす力があり、わたしたちの決断と行動と創意工夫のすべてが活かせるのです。**

「自信」とはひとつの思考回路である

自信のある人は、自分が自分でいられて安心していられる人です。人格者であるとか、スーパーマンであるとか悟りをひらいた人という意味ではありません。誰もが成長していくとするならば、誰もが発展途上であり、未熟者なのです。

不完全な状態が完全な姿であるこの宇宙に生を受けたわたしたちが、不完全であるのは当然のこと。その不完全なわたしたちは、そのまま実は完全な姿でありながら、これからも変化をし続けて成長し発展する存在です。**死ぬまで発展し続ける存在だからこそ、死ぬまで完成するはずがない存在なのです。**

だからこそ、自信がある状態というのは、完成したという意味ではありません。

ということは、「遠い先の未来にならないと自信をもつことはできない」というものではないのです。「何かがクリアされたら自信がもてる」とか、「苦労をしたら自信が持てる」というものではないのだとご理解ください。

むしろ、自信があるというのは、ひとつの思考回路が作動しているという状態です。

自分は主人公だと感じている。
自分のあるがままを受け入れている。
自分にはできることがある。

何かを見ても、何をしても、この３つの感覚が途切れることなく作動しているのが、「自信がある」という状態なのです。だから、自信があるというのは人の属性ではありません。性格でもありません。「状態」のことです。**状態だからいつでも変化するし、いつでも自信をもつことができるのです。**

自信がないと感じている方は、自信のない状態が比較的長く持続しているというだけのことです。そういう状態だと、心の中の「スギ」がどんどん生い茂ってしまうわけです。その結果、自信のない状態が恒常化してしまいます。

本書では、「スギ」がたくさんあろうとも少なかろうとも、いつでも心の中に「あそび」を入れて、自信を司る3つの感覚を取り戻すことを試みていきます。自信というのは3つの感覚の組み合わせによって全体的な強度が決まります。そのため、自信をつけたければ3つの感覚それぞれを強くしていけばいいのです。

次章から3つの章にわたって、3つの感覚を高めるための、21種類の「あそび」を紹介します。「21種類もあるの?」と驚かれるかもしれませんが、「あそび」なので大したことはありません。あそびゴコロで取り組んでいただくと、あなたの心に「あそび」が生まれます。

「あそびゴコロ」をもって、自信を取り戻す「あそび」に取り組み、あなただけの世界を探求してみてください。

第3章

「自分を縛り付けていたもの」を手放す【過去】

過去の出来事の「棚卸し」をしませんか？

本書は、「過去」「現在」「未来」という3つの切り口から自信を取り戻すための考え方と「あそび」を紹介しています。

本章では、まず「過去」を取り上げます。

過去を振り返ると、わたしたちはこれまでの人生で、いろんなものをため込んでいることがわかります。心の中を覗いてみれば、今となっては要らなくなったものがたくさん転がっているのではありませんか。何が大事で何が要らないのか、一度整理する必要があります。

就職活動や転職活動をしたことのある方なら覚えがあるかもしれません。**いわゆる「過去の棚卸し」です。**

そうすれば、未来に活かせるものは活かし、もう不要なものは、手放すことができます。

手放すというのは、捨てるわけではありません。無駄と思える経験も、経験したからこそ不要だということを思い知ることができる貴重な経験なのです。そういう意味で、無駄な経験というものは一切ありません。

わたしたちは、つらいことや余計なことは覚えているのに、自分が勇気づけられるようなことを忘れてしまっています。

あなたの過去は、あなたを勇気づけてくれる事柄の宝庫です。

たとえば、これまで何かに挑戦したり、試練を乗り越えた体験はありませんか？

子どものころは挑戦の連続だったはずです。初めて小学校に通ったときのこと。期待と不安が入り交じるなか、初めての経験をしたはずです。小さな子どもにとっては、未知の世界へと踏み出した体験だったはずです。当時のあなたの気持ちを思い出してみてください。

鉄棒の逆上がりができたときのことや、初めて自転車に乗れたときのこと。初めて大きな滑り台の上から滑ることができた日のこと……。

思い出してみてください。子どものころは挑戦の連続で、冒険の連続だったはずなのです。

当時の小さな体ならば、小さなブランコを大きく揺らして遊ぶことが大きなスリルだったことでしょう。今では、遊園地にある巨大な海賊船やジェットコースターでないと味わえない感覚を、小さな体で味わっていたのではないでしょうか。

子どもだったからといってバカにしてはいけません。あなたは果敢な冒険者だったのです。

カラオケでよく歌っていた歌詞について分析してみよう

過去を振り返ろうとしても、具体的な場面がなかなか思い出せないことがあります。

ただ頭のなかで思い出そうとするよりも、過去の日記や卒業アルバムなど、当時を思い出すきっかけとなるものがあれば、思い出しやすくなります。

昔、付き合っていた「ヒト」、かつて使っていた「モノ」、当時のお小遣いや収入、売り上げなど「カネ」にまつわること、その時代の「知識や情報」、そのころ身につけていた「スキルやノウハウ」を書き出したり、探し出してきて手に取って眺めたりすることでいろいろなことを思い出すことができます。

たとえば、かつての流行歌。今、カラオケには年代指定で当時流行していた曲を検索することができます。あれと同じで、思い出したい時代の流行歌を検索して聴いてみてもいいでしょう。当時、毎日のように聴いていた曲であれば、そのころの記憶をありありと思い出すことでしょう。

なかでも、大好きだった曲の歌詞を検索で呼び出して読んでみてください。**当時の理解と、今の理解を突き合わせてみると、当時の自分が何を考え、どんなことを感じていたのかを思い出すきっかけになります。**歌ならば、日記やアルバムなどがなくても過去にタイムスリップすることができます。

それでは、さっそく過去を受け入れる7つの「あそび」を見ていきましょう。手順を読みながら、実際に〝あそんで〟みてください。

《１》人生の折れ線グラフを描く「あそび」

「人生山あり谷あり」とよく申します。いいときもあれば悪いときもあり、人生に浮き沈みはつきもの。永遠にいいこともなければ永遠に悪いこともない。人生は時の変化のなかで経験するものだからです。

あなたの人生を振り返って、生まれてから現在までの浮き沈みを折れ線グラフで表してみましょう。

山もあれば谷もある「人生の軌跡」です。

人生の山と谷をグラフに描いていくと、人によってはグランドキャニオンのような激しい折れ線になるかもしれませんし、中国の桂林の風景画のようになるかもしれません。自由な発想で描いてみましょう。あなたの主観で構いません。

この人生の折れ線グラフを描く「あそび」は、ご自身が自分の人生をどう感じているのかを客観的に見るのにうってつけです。わたしたちは日々、毎日の生活を送るのに精いっぱいで、生まれて現在まで長期スパンで人生の歩みを捉える機会がなかなかありません。また、個々のエピソードを順番に思い出しても、個別の体験に意識が埋没してしまって、全体を俯瞰《ふかん》することができません。

山と谷の単純な線で表現することで、自分の人生をどのように感じているのかを大まかに捉えることができるのです。

株の世界では「上げは下げのためにあり、下げは上げのためにある」という言葉があるそうです。株価の上下動こそが利益のもとだという考えだそうです。

人生の浮き沈みという上下動も、実は人生から最大限の利益、つまり質の高い経験や気づきや学びを引き出すために活かせるのかもしれません。

では、実際にあなたの人生はどうだったのでしょうか。

97ページのように、折れ線グラフで表してみましょう。

人と比べず、客観的にどうかということにもこだわらず、直感に従って手を動

かしてみましょう。″考えスギ″てしまうようでしたら、利き手と反対の手にペンを持ち替えて描いてみるといいでしょう。

実際に描いて、それをあらためて観察してみると、さまざまな気づきが生まれてきます。

「意外に順調だったなあ」とか、「ノコギリの歯みたいに上がったり下がったりしているな」「自分はこういう状態のときに幸せを感じていたんだなあ」などと眺めているうちに、自分の生き方や考え方の傾向やパターンが見えてくるかもしれません。

また、自分にとって大きな転機がどこにあったのかに気づくかもしれません。これは一概に言えるものではなく、あなたにとって必要な気づきが生まれることでしょう。

「人生の折れ線グラフ」を描こう

あそび方

①消せるペンか鉛筆などで、直感で人生の折れ線グラフを描く。横軸は年齢を10歳ごとに区切り、縦軸は人生の浮き（＋）沈み（－）を記してみましょう。
②山と谷になっているところに、それぞれコメントをつける。
③全体を俯瞰してみる。
④気づいたことを書き留める。

POINT

適当に線を引いてから実人生をあてはめてみると、合わないところが出てきます。そのときに、線を修正していけば、やがてあなたにとってのしっくりくる人生の山と谷が表現できます。あそびゴコロでチャレンジしてみてください。

例

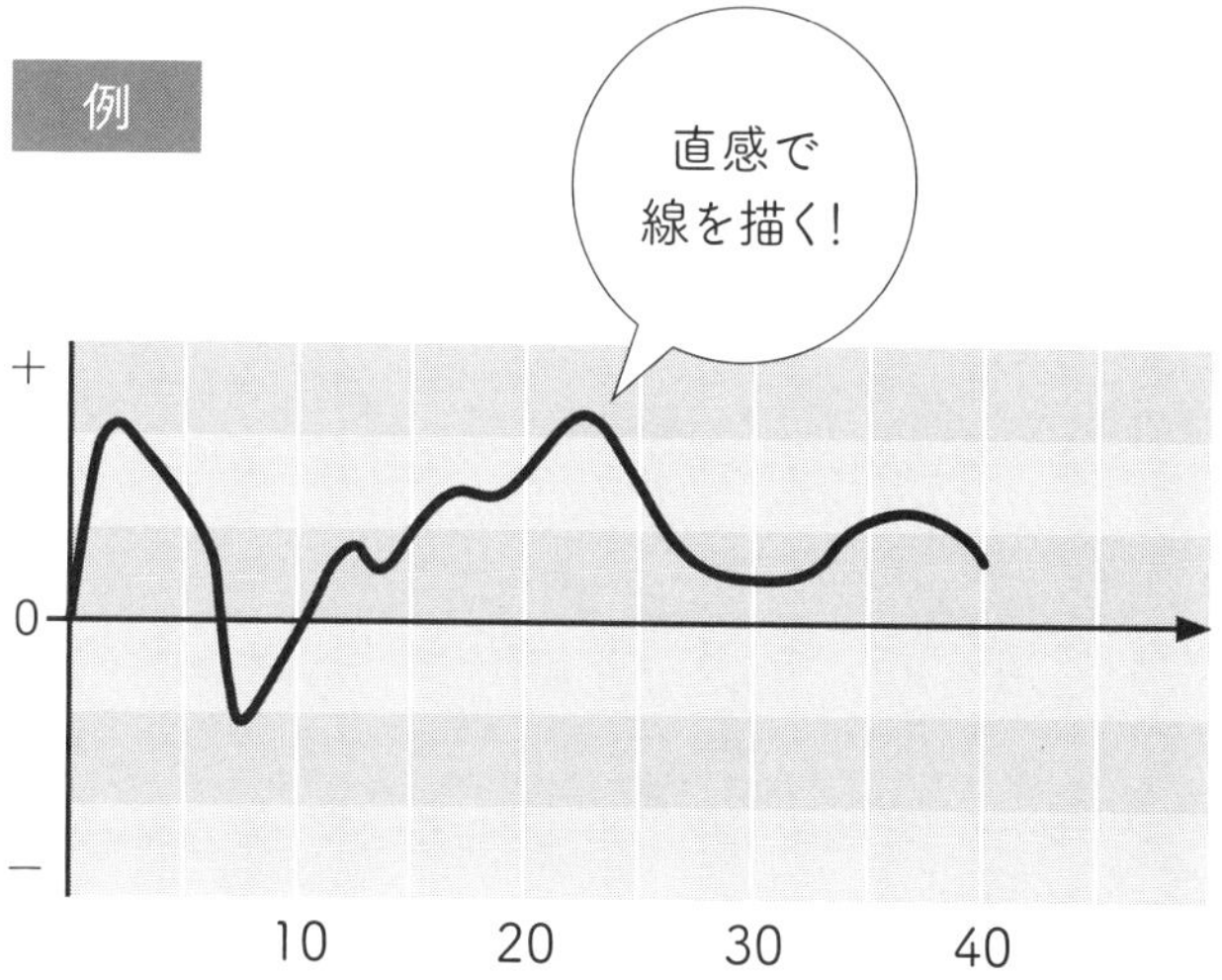

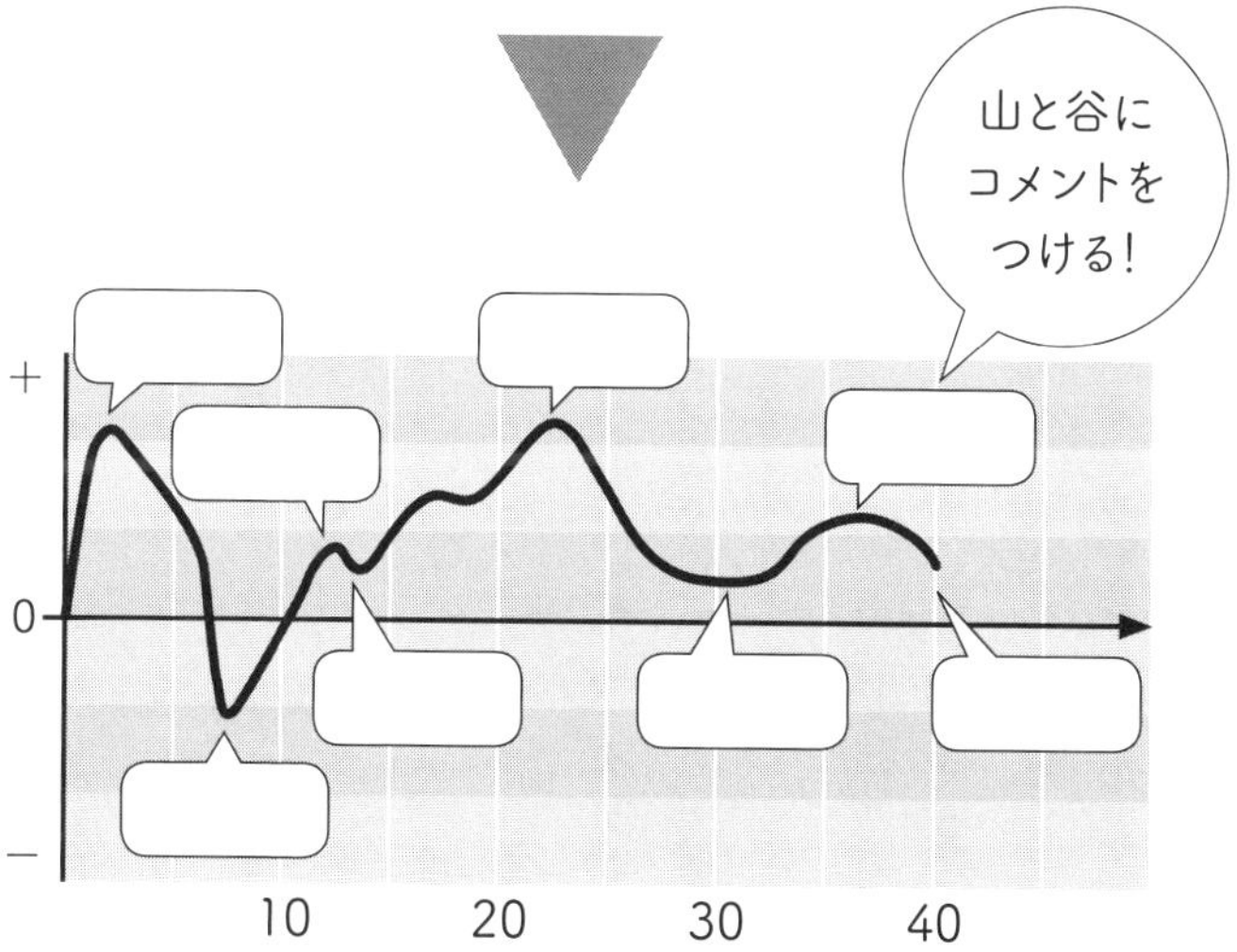

《2》「冒険」と「挑戦」を洗い出す「あそび」

次は、《1》のあそびで描いた「人生の折れ線グラフ」を見ながら、あなたの人生で経験した「冒険」や「挑戦」の数々を書き出していきましょう。

今となっては当たり前の行動も、最初は「冒険」や「挑戦」であり、不安や心配を抱えながらも、それを乗り越えた体験だったということを思い出すのが目的です。

ともすれば「何の変哲もない人生」とか「つまらないありきたりの生活」とか「つらいことばかりの人生」とか感じていたかもしれません。しかし、何も知らない幼児が日本語を身につけて、学校に通い、右も左もわからないところから仕事をして収入を得るところまで成長してきた過程において、何もなかったとは言えないはずです。

幼いころ、覚えていないだけで、一生懸命に寝返りを打とうとしたり、転んでは起き上がり、を繰り返して歩けるようになったりしたのは、幼子にとっての「冒険」であり「挑戦」だったはずです。

あそび方

①「人生の折れ線グラフ」を見ながら、言うなれば「冒険」と「挑戦」にあたることを思い出します。ささいなことで構いません。

②「冒険」と「挑戦」それぞれで、該当するエピソードの単語か短文を書き出します。

③一覧を眺めて気づいたことや感じたことを書き留めてみましょう。

《3》不要な思い込みを手放す「あそび」

次は、不要になった思い込みを手放してみましょう。

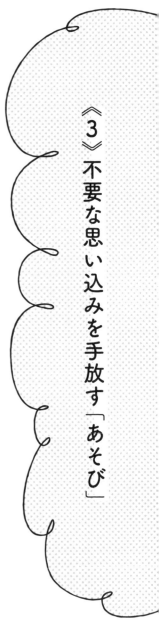

わたしたちはこれまでの人生でさまざまな信念を形成してきました。信念とは「世の中はこうなっている」とか、「男は○○な生き物、女は○○な生き物だ」というような見方や世界観、または正邪の判断基準や体系のことです。信念といえば、なにやら格好いいですが、平たくいえば「思い込み」です。

「思い込み」のなかには、人生を前向きに歩むために役立つものもあれば、自分を制限したり、萎縮して行動できなくするようなものもあります。

子どものころは「火は怖いもの」であるとして「近づいてはいけないもの」だという「思い込み」は、大人になった今ではもはや必要のないものです。それと同じようにもはや不要となった思い込みをそれと知らずして後生大事に抱えてい

る人はたくさんいます。

もはや不要になった思い込みをこれからも持ち続ける必要があるでしょうか？

す**でにあなたはかつてのあなたではないのです。あなたらしい人生を歩む権利も力もお持ちのはずです。**

不要な思い込みを手放して、これからの人生を、前向きに自分らしく歩みはじめてみませんか。用意するものはペンとフセンのふたつ。フセンは正方形でも長方形でもＯＫです。

あそび方

①必要か不要かにかかわらず「思い込み（＝信念）」をフセンに書き出してみましょう。

②①で書き出したフセンを見て、「自分を助けてくれそうな思い込み」を取り分けて、「自分を助けてくれる思い込み」の枠に移しましょう。

③「自分を助けてくれる思い込み」の枠に入れたフセンのなかでも特に大事なものは、「大事な信念」の枠に移しましょう。

④①で書き出したフセンのなかでも、「自分を制限する」と思われるフセンをひとつにまとめましょう。

⑤④で移したフセンに書かれた「思い込み」は、もうあなたには必要ありません。ビリビリに破いて捨ててしまいましょう。

●「思い込み」をフセンに書き出したら、そのなかでも自分を制限するフセンをここに移しましょう。

●そのなかで、さらに自分を助けてくれそうなフセンをこちらに移しましょう。

●自分を助けてくれる思い込みのなかでも、「大事な信念」と思われるものは、下の枠に移してみましょう。

《4》不要な習慣を手放す「あそび」

「なくて七癖、あって四十八癖」ということわざがあり、誰でもたくさんの癖をつけています。

癖とは、身についた習慣のことでもあります。

習慣とは、日常で繰り返される行動であり、仕組み化されて自動化された手順や行動のことです。朝起きたら顔を洗うとか、毎日風呂に入るとか、通勤電車では本を読むなど、小さいころから身についた習慣もあれば、自ら決めて意図して継続している習慣もあるでしょう。

なかには、やめたいと思っているのにやめられない習慣もあります。タバコは体に悪いと思っていてもやめられないとか、大食いや大酒飲みの習慣が抜けないとか、浪費癖など、誰にもやめたいと思いながら続けてしまっている習慣があるものです。

やめたい習慣にはやめたい理由があるはずです。また、やめられない理由もあるはずです。それらを一度確認してみましょう。

そのうえで、これからの人生を自信をもって生きるために必要でないとするならば、もう手放してしまいましょう。

不要な習慣を捨てて、自由な時間を取り戻し、あなたがあなたらしく過ごせる新しい習慣を始めるのです。

POINT
楽しくやりたくてたまらなくなるような、新しい習慣を取り入れることで、やめたい習慣を続ける余地をなくしてしまうことが重要です。

あそび方

①もうやめたいと思っている習慣を書き出しましょう。数はいくつでもOKです。
②書き出した習慣それぞれに対して、得られたメリットとデメリットを書き出します。
③それぞれの習慣のやめたい度合いが100点満点の何点なのかを書き出します。
④やめたい度合いが高い習慣をいくつかピックアップします。
⑤④で選んだ、やめたい習慣のメリットの部分に注目します。そのメリットを実現するもので、しかも楽しくてついついやってしまえる新しい習慣をできる限りたくさん書き出してみましょう。
⑥⑤の中から、すぐにでも始めたい習慣を選んでください。
⑦取り入れたい新しい習慣を今日から始め、それを継続していくために何をしたらいいかを書き出してみましょう。

●もうやめたいと思っている習慣を書き出しましょう。

やめたい習慣	メリット	デメリット	点数

●もっともやめたい習慣の「メリット」を満たすような新しい活動を思いつく限り書き出しましょう。

●そのなかから、すぐにでも始めたい習慣を選びましょう。

《5》不要な自画像を手放す「あそび」

これまで生きてきた社会で身にまとってきた自分の「顔」があります。肉体的な顔のことではなく、人と会話し、交流するなかで社会的に見せてきた顔であり、自分のことをどう見ているかという〝心理的な顔〟です。

それは、他人から実際に見られている顔というよりも、自分で描いた自画像のようなもの。**わたしたちはいつの間にか、自ら描いた自画像が自分そのものだと思い込んで生きています。**

自分に対するイメージが自画像にすぎず、それが本来の自分らしさを押し殺し、自分に無理を強いたり、まるで別人を演じさせられているように感じるのであれば、それは今のあなたにはふさわしくない自画像である証拠です。

あなたがありたい姿、あなたが自分らしくある自分のイメージを、新しい自画像として描いていきたいものです。絵に描く必要はありません。ありたい自分についてのイメージを言葉にしていきましょう。

あそび方

①自分のことをどう見ているのか、言葉（自分を形容する言葉や自己評価の言葉）にして書き出してみましょう。
②①であげた言葉のなかで、前向きに行動するために役に立たない言葉は、二重線で消してしまいましょう。それ以外の、今後も役立つ自己評価の言葉を、あらためて整理して抜き書きしてみましょう。
③全体を眺めて気づいたことを書き留めてみましょう。

《6》わずらわしい人間関係を手放す「あそび」

わたしたちの悩みのほとんどは〝人間関係〟に起因しています。

これまで積み重ねてきた人間関係のなかで、今となってはわずらわしい人間関係もあるはずです。その過去の人間関係のなかでも、特に「わずらわしいな」と感じられる人間関係を手放していきましょう。

今、わずらわしいと感じるということは、その関係者との間で〝何かが〟あったはずです。一度だけのこともあれば繰り返されたこともあったことでしょう。具体的にあった原点となる体験（エピソード）を思い出して、そのときのことを「人間関係マップ」に表してみましょう。

用紙の中心に自分を置いて、その周りに当時の関係者を配置していきます。そしてあなたの感じた気持ち、関係者一人ひとりの気持ちなどを書き出していきます。

一人ひとりの感情や思考をその人になりきって感じてみます。しっかりと味わった後で、人間関係マップ全体を眺めてください。いろいろと気づく点があると思います。

そのうえで、考えてみましょう。あなたは関係者の一人ひとりとどうありたかったのでしょうか。そして、もしもやり直すとしたら、どんなことができたのかなどを書き出してみます。

頭のなかでやり直した場面を想像してみましょう。どんな展開があったでしょうか。ここまでのプロセスから学べることは何でしょうか。

このように、ある人間関係がわずらわしいと感じるようになった原点の体験を、関係者の視座でそれぞれ味わいながら思い出すと、当時の体験から心理的に抜け出すことができます。

【あそび方】

①ある人間関係をわずらわしいと感じるようになった「原点の体験」を選んでください。

②その体験の関係者を「人間関係マップ」にまとめてみます。

③マップ上または別紙に、当時の自分の気持ちを書き出します。

④次に、関係者それぞれの気持ちを書き出します。

⑤ここまでを振り返って気づいたことを書き留めましょう。

⑥関係者と本当はどんな人間関係を築きたかったのでしょうか。望ましい関係を書いてみましょう。

⑦そのために本当はどうすればよかったでしょうか。

⑧⑦をやっていれば、関係者はどう反応したでしょうか。

⑨ここまで学べたことで、将来に活かせることは何でしょうか。

⑩将来を明るく切り開くために、あなた自身に対して愛情あふれる言葉を贈るとしたらどんな言葉を贈りますか？

関係者を洗い出す

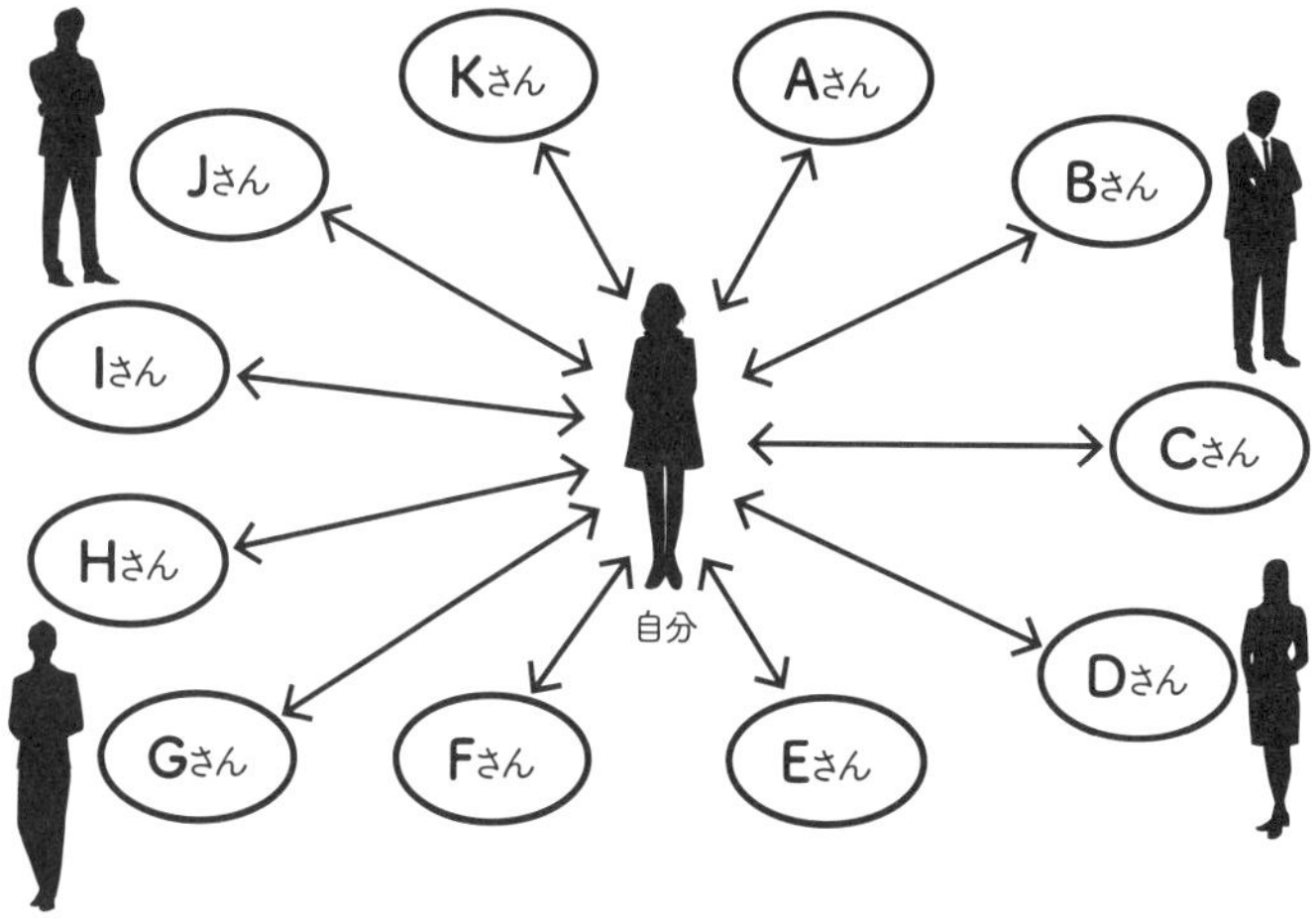

関係者に対する気持ちを書き出す

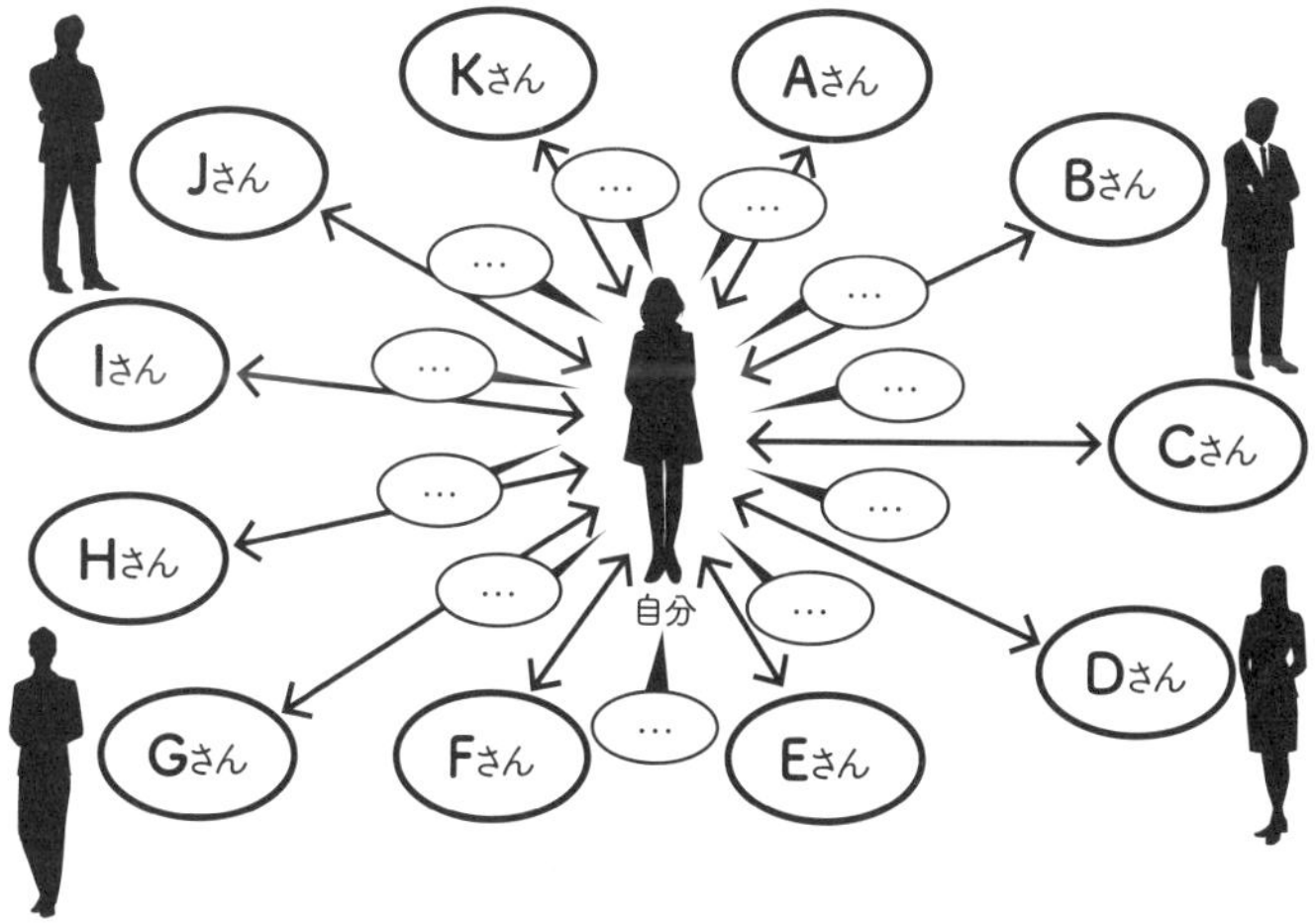

《7》「好き」「得意」「憧れ」から「やる気の素」を引き出す「あそび」

わたしたちの過去は、わたしたちの未来を照らす鏡です。

「温故知新」という言葉がありますが過去の歴史に学ぶことがあるように、わたしたちの個人的な過去においても学ぶことがあります。

あなたの過去というのは、実証済みの結果です。やってみたら面白かったとか、やらなくて後悔したとか、素晴らしい経験をしたとか、充実した時間を過ごせたとか、やってみたら思ったほどには面白くなかったとか、無駄な時間だったとか、あなたが生きてきた年数分の実験結果が蓄積されているのが、あなたの過去です。

あなたの冒険と挑戦の経験は、あなた自身を知るための貴重なデータです。

あなたが将来やりたいことは何なのか。あなたのやりがいは何なのか。あなたの好きなことは何か。何が嫌いか。

あなた自身を、より深く知り、前向きに未来を切り開こうと思うならば、あなたの過去を振り返ってみることです。

ここでは、あなたの「好き」「得意」「憧れ」について振り返ってみます。

「好き」というのは、かつて好きだったことや、ものについてです。「好き」な遊び、おもちゃ、科目、人、スポーツ、映画、テレビ番組、台詞、言葉、文章、本、音楽、歌、タレント、役者、場所、風景、写真、絵画、絵本、ポスター、食べ物、家や建物、服装、鞄、持ち物、道具、文具、ノートやファイル。

「得意」というのは、自分にとって得意だったことや、ものについてです。運動やスポーツ、書道や絵画、落書きやいたずら、ピアノや楽器、歌やものまね、人前で演じることやスピーチ、学校の勉強や稽古事、縄跳び、コマ回し、交渉、謝罪など。

「憧れ」というのは、自分がなりたい人という「憧れ」（尊敬し将来なりたい憧れの人など）もあれば、見ているだけでうっとりする「憧れ」（アイドルや俳優・女優など）もあれば、そのことを考えただけでワクワクうっとりしてしまう

ような「憧れ」（海外生活とか理想的な暮らしなど「憧れ」の土地や職業など）もあります。

素直な気持ちで、あなたが「好き」「得意」「憧れ」と感じるものをどんどん洗い出していきましょう。

以下のあそび方は「好き」「得意」「憧れ」のそれぞれで同じように進めていってください。

あそび方

①あなたが「好き」（または「得意」や「憧れ」）だったことをできる限り書き出してください。

②①であげたもののうちで、順位をつけて1位と2位と3位のものを書き出してください。

③3位のものの印象的な場面をありありと思い出して記してください。印象的な場面は、ある日あるときある1秒間の場面です。想像で再構成しても構いません。

いつ、どこで、誰と、何を、どのように、なぜ、どれくらいしていたのかをありありと思い出してください。
④しばし目を閉じて、その場面で目に見えていたこと、聞こえていたもの、体で感じていたことをありありと味わってみましょう。
⑤3位のものの印象的な場面を味わって気づいたことを書き留めましょう。
⑥味わって得た気づきを踏まえて、3位のものがどうして「好き」（または「得意」や「憧れ」）だったのか、理由や原因をひとことで表すとどんな言葉あるいは短文になりますか。書き留めてください。書き留めた言葉は「好き」（または「得意」や「憧れ」）から引き出した「やる気の素」になります。
⑦2位のものについて③から⑥までの過程を繰り返してください。
⑧1位のものについて③から⑥までの過程を繰り返してください。
⑨「得意」なことについて、①から⑧までの過程を繰り返してください。
⑩「憧れ」について①から⑧までの過程を繰り返してください。
⑪「好き」「得意」「憧れ」について①から⑩までの過程を振り返ってみて気づいたことや感じたことを書き留めてみましょう。

●あなたが「好き」（または「得意」「憧れ」）だったものをできる限り書き出してください。

●上記の中から1位、2位、3位のものを下に書き出してください

1位	2位	3位
印象的な場面	印象的な場面	印象的な場面
味わって気づいたこと	味わって気づいたこと	味わって気づいたこと
ひと言で表すと	ひと言で表すと	ひと言で表すと

なお、第5章では、「好き」「得意」「憧れ」それぞれの⑥でひとことで表した「やる気の素」をつかって、あなたの心躍る未来像を思い描きます。

さて、「過去を受け入れる7つのあそび」はいかがだったでしょうか。

過去からあなたが自信を取り戻すための「方法」を紹介してきました。これらに取り組んで、過去からのしがらみを解きほぐし、過去からあなたらしさを取り戻してください。

次は、現在という切り口からあなたらしさと自信を取り戻していきましょう。

第4章

「今の自分の状況」を知る【現在】

「今、ここ」に集中する意識をもとう

今、というのはなかなかつかまえにくいものです。今という言葉も「い」と言っているうちに「い」は過去になり、「ま」と言い終えたところではすでに「ま」さえも過去になっています。

一瞬一瞬、現在は過去に変化していき、過去は無限に増殖し続けていきます。一方、未来はどんどん現在に侵食されながら、それもまた過去へと変貌していきます。

人類の歴史を振り返れば、ごくわずかな、薄皮一枚のような現在を除いて、すべてが過去だということがわかります。わたしたちは、まるで過去にしか存在していないかのようです。

それでも、「今」は、わたしたちが行動できる唯一の時間です。

過去においてはもう行動できません。未来はまだ到来していないので動けません。今だけわたしたちは動けるのです。

だから、「思い立ったが吉日」なのです。**行動できるのは今しかない。**だから思い立ったら、明日に先延ばしするのではなく、「今、ここ」で行動したいのです。

最近はやりの「マインドフルネス」や瞑想で重視されるのも「今、ここ」に意識を集中することだと言われています。

わたしたちの脳の機能から言って、日常のほとんどの時間は、「今、ここ」以外のことに意識を向けています。実は、この「今、ここ」に集中するというのは日常ではなかなか難しいのです。

目の前の仕事に集中する——といっても、実は、1カ月後の納期のことを考え、物品の在庫状況に意識を飛ばし、海外の取引先の反応を考えているのです。

これはすべて、「今、ここ」で起きていることではないのです。大脳の機能は、「今、ここ」にないことも考えられるので、「今、ここ」以外のことを考えるのは普通のことなのです。

だからこそ、非日常の時間を過ごす瞑想においては、心を静め「今、ここ」に集中するのです。その「今、ここ」に集中した意識状態を保持して、世界のすべてに意識を向けていけば、ものの見え方が変わるといわれています。**すべてがありがたく、風が心地よく、ここに存在していることがそのまま歓喜であるような状態を味わうこともあるでしょう。**

ただし、そのようなことがあるとしても、それを味わいたいと執着してしまうと、考え方によっては迷いの世界を追い求めることになります。

わたし自身は、アメリカのモンロー研究所が開発した「ヘミシンク®」という意識のコントロール方法を学び、さまざまな意識状態があるということを経験しました。しかし、何が最高で、何が本当で、何を探求すべきかなどということについて意見を述べるつもりはありません。ただ、意識にはいろんな状態があるというだけのことであり、それはコントロールできるのだから、各自が好きな状態を選べばいいと考えています。

「できていないこと」に注目するのは卒業しよう

先ほども申しましたが、わたしたちは、ついつい「今、ここ」以外のことにつねに気を取られています。今、そこにないものに意識を向けることが、裏目に出るとこんな考え方になります。

「やろうと思ったけれどできなかったことが気になる」
「将来の理想と現在のギャップが苦しい」
「他人の成功を聞いて、自分が成功していないことが悔しい」

どれも、「今、ここ」にないものに意識を向けて、苦しんだり悔しがったり地団駄を踏んでいる状態です。

「今、ここ」に集中しよう

「できないことが悔しい」というのは、「今、ここ」に存在していないものです。「できたらいいな」という頭の中にだけあるものに思いをはせて、それが手に入らないということに注目している状態です。

どうせ「今、ここ」に意識を集中できないならば、「できないこと」「やれていないこと」などではなく、「できたこと」「やれたこと」など、自ら経験して今につながり、存在しているものに意識を向けてみましょう。そうすれば気分が上がり、前向きに行動することができます。

これからは、「できていないこと」や「やれていないこと」に注目するのはやめてしまいましょう。

「〇〇すべき」「〇〇であるべき」を手放そう

前向きで、上昇志向の強い方は、現状を肯定するよりも、よりいっそういい状態を目指し、理想や目標に意識を向けて行動していきます。それが苦しくなく、楽しく、ワクワクして、生き生きしているということなら問題ありません。

しかし、前向きな様子に見えても、そのじつ疲れやすかったり、無理をしていると感じられるならば、自分の感覚に耳を澄ましてみましょう。もしもその感覚が、しゃべりだしたとしたら、どんなことを言うでしょうか。自分の体の感覚になりきって、言葉にしてみるのも面白いあそびになります。

その上で、自分の中の「〇〇すべき」とか「〇〇であるべき」という「思い込み」が自分を苦しめているのだとしたら、その「思い込み」を手放してみましょう。

手放すのが怖い、と感じる方でも大丈夫です。

いったん手放すだけです。

もしも再び必要になったとしたら、もう一度つかめばいいのです。そんな安心感をもって手放しましょう。二度とつかまないという自由もあります。

えいっ!!
〜すべき
〜であるべき
いったん
手放すだけ!

「今の自分はこのままで100%の存在だ」と意識してみる

「今、ここ」の意識は、「あるものはあり、ないものはない」という認識をもたらします。

過去は過ぎ去り、未来はいまだきたらず。今しか存在していない。

もしも今しか存在していないならば、この不完全な世界しか、存在していないということです。この世界はあまりにも不完全でありながら、それがすべてであるという意味では完全な存在です。それ以上でもそれ以下でもありません。

「もっと素晴らしい世界があってもいいじゃないか」

わたしもそう思いますが、そんなものが存在しないのが、この「今」の世界です。期待や失望とは無縁の世界。どうしようもなく身も蓋もない世界。

その「今、ここ」にいる自分もまた不完全でありながら完全な存在です。そして、それ以上でもそれ以下でもありません。

ならば、いっそのこと「今の自分はこのままで100％の存在だ」と言い切ってしまっていいのではないでしょうか。 過去や未来と切り離された現在の自分は、そのまま100％の存在なのだと高らかに宣言してしまうのです。

上を見ればキリがなく、下を見ても果てしない。時の経過とともに、今、今、今、を積み重ねて成長したとしても、わたしたちは最後の最後まで不完全であることが運命づけられています。ならば、開き直ってしまうのも手です。

「今の自分はこのままで100％の存在だ」

そう宣言したときに、時が歩みを止めないように、わたしたちも歩いて行こうという気にならないでしょうか。

この身も蓋もない「今、ここ」から行動しはじめるのなら、どんな未来を思い

今の自分は
このままで100%
の存在だ
言い切って、
味わってみよう！

描き、生み出していけるでしょうか。
不完全であり完全でもある、あなたのつくる未来はどんな世界であってほしいのでしょうか。

その未来もまた、未来の「今、ここ」において不完全にして完全なのです。

わたしたちはどこまでいっても「今、ここ」にしかおらず、不完全にして完全です。**「今、ここ」において100％の存在である自分を十分に感じ、味わってみてください。**そこから気づけること、感じられること、考えられることがあるはずです。

自分の「こうありたい」を大切に

現在は、「行動」を起こせる唯一の瞬間です。

現在は、「変化」を起こせる唯一の瞬間です。

このような不思議な瞬間の連続の中に、わたしたちは生きています。この不思議な時間を最大限に活かすならば、わたしたちは「こうありたい」という思いを大事にしたいものです。

変化できるのが現在であったとしても、自分が何を感じていて、どうありたいのかが明確でなければ、せっかくの行動、せっかくの変化が無駄になります。

あなたの心の叫びに耳を澄ましてください。

「できないよ」

「無理だ」

「意味がない」


そんな言葉を自分に向けて投げつけないでください。

「できない」とは限りません。「無理」かどうかはやってみなければわかりません。

「意味」なんてなくてもいいではないですか。


あなたのやりたい気持ちを大事にしてください。あなたの気持ちを探ることができるのも「今、ここ」なら、それを行動に起こせるのも「今、ここ」なのです。

「今、ここ」の重要性は、宗教や神秘主義の伝統以外にも、童話や昔話において語り伝えられています。

たとえば、神様がやってきて願いを叶えてくれるという話があります。「願いを３つ叶えてやろう」というような物語です。そのときに願ったものが叶うわけです。

また流れ星を見た瞬間に願いを言い切れたら、その願いが叶うという言い伝えもあります。流れ星はわたしたちが「今だ！」というその瞬間に注目することを教えてくれるのです。

これらの言い伝えが示唆しているのは、神様や流れ星はきっかけにすぎず、「今！」何を思うかが重要だということではないかと思います。

わたしたちは日常のなかで、「今、どうする？」と問いかけられ続けているのです。そのことを昔話や言い伝えは教えてくれています。

この本を読んでいるあなたも、今、何を願いますか？　何を叶えたいですか？

あなたの「今、ここ」の思いが、あなたの現実をつくっているのです。

「わたしたちには『今、ここ』という巨大なチャンスが与えられている。これは大宇宙の時間の流れのなかでも唯一、特殊な瞬間なのだ」

そんな考え方をしてみてはいかがですか？

それでは、「現在を受け入れる7つのあそび」を順に見ていきましょう。

《1》今の「10分野！」の満足度を知る「あそび」

「最近、調子どう？」

などと聞いたり聞かれたりすることがあると思います。現在の自分の調子がどうなのかを考えさせられる瞬間です。

わたしたちはともすれば、あるかないかで判断しがちです。オール・オア・ナッシング（All or Nothing）の考え方です。点数でいえば、100点か0点かという思考法に陥りがちなのです。100点満点だとして40点もあれば75点もありうるのに、100点か0点かで考えてしまいます。

そうなると答えはこんなふうになります。

「いいですね」あるいは「よくないですね」。

もちろん日本的に「まあまあ」とか「ぼちぼち」という言い方もあります。

さらに、人生は一側面しかないわけではありません。無数の側面があって、仕事とプライベートに分けただけでもふたつの側面があるわけです。どちらも「まあまあ」とか「よくない」ということはあり得ません。

「人生最悪だ！」と嘆いても、ある仕事はうまくいかなくて最悪かもしれませんが、体調はいいかもしれないし、食事を楽しんでいるかもしれません。まったくあるかないか、という思考をしてしまうと現実が歪められてしまいます。

そうならないようにするには、

1. 満足度は、点数をつけてみる。
2. 悩みだけに目を向けてしまわない。
3. 人生のすべてのジャンルに目配りする。

という3つのことに注意する必要があります。仕事なら仕事だけに絞ったり、恋愛だけに絞って考えないということです。

人生にはさまざまな側面があります。

筆者がセミナーなどで紹介しているのが「10分野《じゅうぶんや》！チェックシート」です。人生の「10コの分野」にわたる側面と満足度が「十分や！」という言葉をかけて命名しました。

139ページのシートをご覧ください。人生の側面を10の分野に分けて、その満足度を記入できるようになっています。各分野には1から10までの目盛りのついたマス目があります。満足度に応じてマス目を塗りつぶしてみてください。塗りつぶすことで、10分野の満足度が目に見えるようになっています。

あそび方

①「10分野！チェックシート」の各分野の満足度を10点満点で何点になるか考えて、マス目を塗りつぶしてください。そして、それを俯瞰して眺めてみてください。どんなことに気づけますか？　傾向がありますか？　どんなばらつきですか？　特にあなたの目を引く分野はどれですか？

②まず、もっとも満足度の高い分野をチェックしてみましょう。具体的には何が

どうあるからその満足度なのでしょうか。具体的に点検してみましょう。
③次に、満足度のもっとも低い分野をチェックしてみましょう。具体的には何がどうだから満足度が低いのでしょうか。具体的に点検してみましょう。
④その後で、もっとも満足度の低い分野であっても、少しは塗りつぶしているところがあるはずです。塗りつぶしているところがあるということは、その分だけは満足しているはずなのです。その満足しているところがわずかであっても、具体的に何がどうあるのかをしっかり思い出してみてください。
⑤その上で、改めて10分野全体を見渡してみて、これから改善していきたい分野をひとつ選んでください。
⑥その分野が最高に満足で、10点満点の状態を思い描いてください。
⑦改善したい分野の塗りつぶした点数に1点だけ足した状態を思い描きます。
⑧1点を足した状態に至るために、今すぐできる最初の一歩となる行動を考えてください。
⑨ここまでのプロセスを振り返って、気づいたことや感じたことを自由に書き留めてみましょう。

10分野！ チェックシート

	分野	例	1	2	3	4	5	6	7	8	9	10	
1	自己成長・学び	自己啓発・学習・読書・セミナー・学習会											
2	楽しみ・娯楽	趣味・嗜好・遊び・レクリエーション											
3	休養・リラクゼーション	静養・睡眠・休日											
4	健康	体調・病気・節制・運動・ダイエット											
5	人間関係（親密）	家族・伴侶・恋人・師匠・親友											
6	人間関係（一般）	仕事・地域・取引先・交流会											
7	仕事・貢献	ビジネス・ボランティア											
8	お金	収入・小遣い・資金											
9	生活環境	衣食住・持ち物・地域・通勤環境											
10	組織環境	企業・社会活動・仕事上の環境・システム・制度・美品											

《2》「今、生きている奇跡」を発見する「あそび」

ここでは現在のあなたに「奇跡」を見つける「あそび」をやってみましょう。

あなたは今、このページを読んでいます。

ということは日本語で書かれた文章を読んで、それを理解しているということです。世界を見渡せば、話したり聴いたりすることはできても、文字を学ぶ機会がないために読み書きのできない方もたくさんいます。しかしあなたは文字を読むことができている。

これは大変幸運なことです。

この宇宙がいつ誕生したのか、ほかの宇宙も複数存在するのか、ほかの銀河や星に人類と同じような知的生命体がいるのか、わからないことばかりですが、あなたはこの地球に生まれ、仲間とともに暮らしています。

さらに、あなたのご両親が出会わなければ、今、この場にあなたはいないはずです。しかし、あなたは今ここにいて、この文章を読んでいる。

これは奇跡的なことです！

もしも筆者がこの世に生を受けず、この本も書いていなかったとしましょう。そうするとこの本は存在しておらず、あなたは今、この文章を読んでいないはずです。書籍を通じてあなたとこうしてつながったことは、まさに奇跡としか言いようがありません。

このように、現在のあらゆることは奇跡的な巡り合いに満ちています。この奇跡的な今という時間と空間をさらに深く捉えてみましょう。

この「あそび」を通じて、あなたは一回きりの現在の希少性と貴重性に、なんらかの気づきを得ることができるでしょう。

あそび方

①現在のあなたの状況、やっていること、立場、人間関係など、あらゆることを箇条書きにしてください。

②①の箇条書きの直後に「それはまさに奇跡だった」、または「それは、数々の障害を乗り越えて、偶然に偶然が重なった、まさに奇跡と呼ぶほかないことなのです」という文を追加してみてください。

③②でつなぎ合わせた文を、声に出して読み上げてみましょう。

④全体を振り返って気づいたことや感じたことを自由に書き留めてみましょう。

《3》他人基準の幸せを取り入れる「あそび」

幸せって何でしょうか？

幸せのかたちは、人によって異なります。幸せの基準は誰ひとりとして同じではありません。「自分基準の幸せ」がどういうものか明確でないと、幸せを実感するために何をどうしていいのかがわかりません。

だからこそ、自分基準の幸せを明確にすることが大事なのです。

とはいっても、「今まで自分基準の幸せなんてあるとも思わなかったし、考えてもみなかった！」という方にとっては、自分基準の幸せを示せと言われても困ってしまうばかりです。今までの人生で明確でなかったのであれば、他人の基準を参考にしてみるのも意味があります。

改めて、他人は何を幸せだと感じているのだろう。
何が好きで、何が得意で、何に憧れているのだろう。

意識的に他人基準の幸せを探ってみることで、自分基準の幸せも見えてきます。他人基準の幸せは、普通、無意識のうちに刷り込まれたり、無理やり押し付けられたりするものですが、「客観的に観察しよう！」という意図を持てば、うまくアレンジしながら取り入れて、自分基準の幸せを探っていくこともできます。

筆者が若いころに尊敬していた方々は、ブラックミュージックのファンでした。その方々の影響を受けてジェームズ・ブラウンやアレサ・フランクリンのソウルやファンク、R&Bなどを聴くようになりました。その延長上でブルースに出会い、ブルースギターの練習に熱中するようにもなりました。

自分、自分と視野を狭めてしまうよりも、周囲を見回して、他人基準の幸せを参考にしながらも自分基準の幸せを少しずつ明確にしていきましょう。

あそび方

①知人の名前とその人との関係を書き留めます。
②その方の「好き」なことを思いつく限り書き出します。
③その方の「好き」について、どうして「好き」なのか、どういうところが「好き」なのかを想像し、その方の持っている「価値観」を書き出してみましょう。事実でなくてもOKで、まったくあなたの想像でかまいません。
④同じようにその方の「得意」の内容と、そこから見いだされる「価値観」を書き出します。
⑤次にその方の「憧れ」についても内容と「価値観」を書き出します。
⑥ここまでやってみて気づいたことや感じたことを書き留めます。
⑦その上で取り入れてみたいことや受け入れられないことを明確にして、今後、大事にしていきたい「価値観」を書き出します。
⑧ほかの方についても同じように探求し、取り入れてみたいことや「価値観」を探求してみましょう。

知人の名前	その人との関係	
好き	得意	憧れ
▼	▼	▼
価値観	価値観	価値観

気づいたこと、取り入れてみたいことなど

《4》感情の渦から抜け出す「あそび」

わたしたちは日々、さまざまな感情を経験しています。
環境の変化や周囲の人の言動によって感情がかき乱されたり、突き動かされたりもします。感情に翻弄されてしまうと、落ち着いて自分らしく過ごすことができなくなります。

感情の渦から抜け出すことさえできれば、自らの感情を能動的に選ぶこともできます。そのために、人によっては瞑想をしたり、趣味に没頭したり、ヨガや太極拳などのボディワークに取り組んだり、マラソンしたりエアロビに取り組んだりするわけです。

そのようなワークに取り組めるのであればぜひチャレンジしてみてください。
新しい趣味が見つかるでしょうし、実際に感情の渦から抜け出している時間を持てるので、精神的な健康を保つことができます。

しかし、「急に何かを始めることもできないし、しばらく忙しくて手を出せない」という方には**「喜怒哀楽の『あいうえお』」という「あそび」**を紹介します。

演劇のエクササイズなどでも取り入れられているものですが、母音の「あいうえお」を使って、喜怒哀楽を表現します。

あそび方

①「あ〜、い〜、う〜、え〜、お〜！」と声を出しながら、表情をつくり、動作を工夫して感情表現してみます。

うれしいときの「あいうえお」
悲しいときの「あいうえお」
怒ったときの「あいうえお」
驚いたときの「あいうえお」
苦しいときの「あいうえお」

喜怒哀楽の「あいうえお」

おかしくってたまらないときの「あいうえお」

カラオケボックスなど、ひとりで大声を出せる環境で思う存分やってみてください。逆に、ひとりでやるとバカバカしすぎてできないという方は、仲のいい方と一緒にふざけながらやってみるといいでしょう。

やってみて、感じたことをメモに取ってみましょう。

仲間と一緒にやる場合は、お互いに気づきをシェアしてみましょう。

いくつかの感情はやりやすく、いくつかの感情はやりづらいと感じたかもしれません。やりづらい感情は、ふだん表現し慣れていない可能性があります。

その場合は、意識してやりづらい感情の「あいうえお」を何度も繰り返してみてください。次第に慣れてきます。**もっと楽に表現できるようになると、生きづらさも減っていきます。**

このあそび自体が、気分転換やストレス発散の効果があります。

単なる〝あそび〟ですから、気楽に取り組んでください。

《5》楽しい気分を選ぶ「あそび」

夢実現応援対話（コーチング）において、お客様と協働関係を確立し、一緒に問題を考えていこうというときに、必ずやることがあります。

それは、「最近あった面白かったことは？」「楽しかったことは？」「充実していたことは？」などといったエピソードについて話してもらうのです。これは「思い出すだけで気分が変わる」という原理に基づく「あそび」です。面白いことや楽しいことを探すくせをつけていくと、いつでも気分を明るくすることができます。

混乱したり、自分の中に葛藤があったり、落ち着かない気分だったりしたときには、楽しいことを思い出すようにしてください。

筆者は、楽しいことを思い出すための項目の頭文字をつなげて、「**おたのしみや！**」という言葉にまとめています。

あそび方

①次に挙げた項目について、口に出してみましょう。余裕があれば、メモに書き出してみてもOK。

「お」……最近、面白かったこと
「た」……最近、楽しかったこと
「の」……最近、ノリノリになれたこと
「し」……最近、しみじみ感謝したこと、充実していたこと
「み」……最近、見たこと聞いたこと
「や」……最近、やってみたこと
「！」……最近、びっくりしたこと

この「あそび」をやっているうちに、いい気分になり、前向きに行動していくことができます。

お
大好きなお笑い芸人の単独ライブに行って、大笑いした！

た
学生時代のサークル仲間と旅行に行ったが、心から楽しめた！

の
カラオケに行って90年代のダンスミュージックで盛り上がった！

し
風邪をひいてしまったが、忙しい夫が家事を代わってくれた。

み
友達からニューオープンの日帰り温泉施設の情報を聞いた！

や
餃子の皮を使って「簡単ラザニア」を家で作ってみた。家族に大好評！

！
仕事で思いもかけないようなビッグチャンスが舞い降りた！

《6》「今、ここ」を味わう「あそび」

わたしたちは日々、仕事や生活の場面でさまざまなストレスを受けています。ストレスはある種の刺激であり、その刺激にいちいち反応させられることで疲れてしまいます。神経をすり減らしたり、緊張がなかなか取れなかったりします。

ストレスを緩める方法が今ほど求められている時代はありません。

実際に、ＩＴ系の先端企業は、マッサージルームやカフェなど社内のリフレッシュ空間を充実させたり、マインドフルネス瞑想などを取り入れて、ストレス軽減、集中力向上、創造性の開発に活かしています。

リラクゼーションの目的は、体を緩め、心を緩めることです。

横になるだけでもリラックスできそうなものですが、体の緊張がとれません。やることがなければ妄想が湧いてきて、心も緩まず整いません。そこで、ヨガや坐禅などは、指導者のもとに決められたポーズを取るとか、インストラクターの指導のままに姿勢を変え続けるとか、何かと所作や約束事を守らされるのです。姿勢の維持や指示通りにすることに気を使うので、それ以外の雑念に気を取られずに済むのです。結果として悩みから身を離し、頭を空っぽにすることができます。

これが「今、ここ」を味わうということです。

今回は、「今、ここ」を味わう瞑想に取り組んでみましょう。瞑想にも流派によっていくつものやり方があります。ここでは、文章の音読による瞑想を紹介します。

ひたすら文章の一字一句を目で追い、それを声に出す行為を続けて、「雑念に気を取られない時間」をつくり出すことを目指します。

何を音読しても構いません。「般若心経」でもいいのですが、新聞であっても好きな小説の一節でも構いません。そうそう、本書の一節なんてちょうどいいですね。ぜひ、本書の適当なページを開いて、意味など特に考えず、ひたすら文字を目で追いながら、大きな声で読み上げましょう。

姿勢は楽にしてくださ い。椅子に座っていてもいいですし、直立不動でも、ぐるぐると円を描くように歩きながらでも構いません。

ちょっと速めのスピードで、とにかく「文字を声に変える」というつもりで音読します。まず3分くらいから始めて、徐々に時間を長くしていくと、雑念にとらわれない時間を長くすることができます。

読み終えたら、軽く目を閉じて呼吸に意識を向けましょう。**文字を見ず、口も動かさず、呼吸に意識を向けるだけの時間が訪れたとき、パッと意識が変わります。**その瞬間に、比較的空っぽの意識状態をしばらく味わってみましょう。

ぜひ、音読瞑想を楽しんでみてください。

あそび方

①体を楽にして、自分の好きな姿勢をとります。
②深呼吸を2〜3回行います。
③用意した文章を音読します。
④きりのいいところで音読をやめ、目を閉じて深呼吸しながら呼吸に意識を向けます。
⑤その時間をひととき味わいます。
⑥味わいきったら、ゆっくりと目を開けて終了です。
⑦気づいたことや感じたことを書き留めてみましょう。

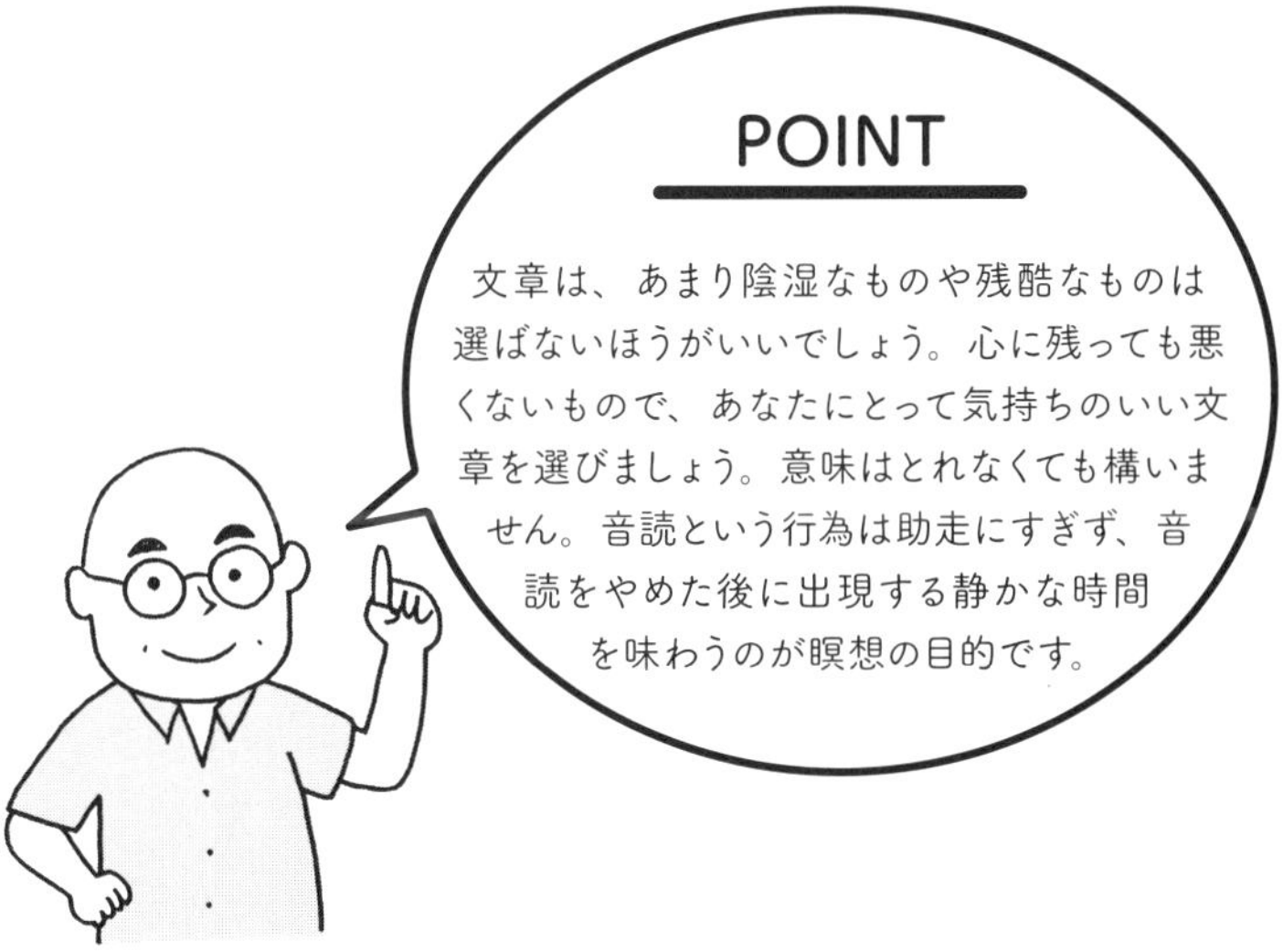
POINT
文章は、あまり陰湿なものや残酷なものは選ばないほうがいいでしょう。心に残っても悪くないもので、あなたにとって気持ちのいい文章を選びましょう。意味はとれなくても構いません。音読という行為は助走にすぎず、音読をやめた後に出現する静かな時間を味わうのが瞑想の目的です。

《7》「仕事」とやる気の素を結びつける「あそび」

上司や他人から、特定のやり方を押しつけられてやりづらいと感じたり、面白かった仕事が突然つまらなくなったり、やる気がなくなってしまったりしたことはありませんか?

それは、そのやり方が、あなたの「価値観」に響かなかったから。

「価値観」は、人が行動するときの「やる気の素」にもなっています。

「やる気の素」は一人ひとり違います。勝負に勝つことに重きを置く人、お客様から感謝されることが仕事の悦びだという人、手順や論理的整合性を重視する人などさまざまです。価値観が違い、感じ方が違い、考えていることが違えば、当然、仕事のやり方も違ってくるのです。

もしも「やる気の素」に基づいて「仕事」ができる状況ならば、「やめろ!」

と言われてもついついやりたくなってしまうものです。**実はどんな「仕事」でも、工夫次第であなたの「やる気の素」と結びつけることができます。**

勝負に勝つことが生きがいならば、ライバルを設定して負けじ魂に火をつけて勝つことを目標にすればいいでしょう。

感謝されることが喜びだという人は、お客様を喜ばせることで実績の上がる方法を考えましょう。

手続きや論理的整合性を重視する方は、とにかく手続きをしっかりと守り、論理的整合性のとれた提案をすることで実績を上げられるようにすればいいでしょう。

たとえば、あるプロジェクトに配属されたとします。

従来であれば、「このプロジェクトは面白くない」とか、「わたしに向いていない」などと、乱暴に判断してそれで終わりだったかもしれません。しかし子細に見れば、そんなに大ざっぱに結論を出すべきではないことがわかります。

たとえばそのプロジェクトには、企画段階から、社内提案、決定、実施、売り上げ計上、代金回収、実績集計、報告作成、評価などのプロセスがあるとします。

あなたの「やる気の素」が、「感謝されたときの悦び」だったとするならば、企画段階でのミーティングで、同僚に気を配って場を楽しいものにする。社内提案の場では、社内の上層部に対して、斬新なアイディアを出し、感心してもらえるように取り組む。実施の過程では、お客様に喜んでもらえるようにディスプレーや景品などのデザインを工夫する……などなど。すべての工程で「感謝」されるために、できることを盛り込んでいくのです。

これは、どんな仕事にも、どんなプロジェクトにも、どんなイベントにも応用できます。

「自分はこの仕事に向いていない！」

などと早急に決めつけることなく、「仕事」の工程を分解しましょう。**そして、それぞれにおいてあなたの「やる気の素」に火をつける工夫をしていけば、どんな「仕事」でも楽しんでワクワクしながら楽しむことができます。**

「仕事」とはビジネスに限りません。家庭内の「仕事」もあれば、地域の活動、ボランティア活動や学習も「仕事」です。どんなタイプの「仕事」でも構いません。楽しんで取り組んでみてください。

あそび方

①「好き」「得意」「憧れ」から自分のやる気の素を書き出します。（118ページ参照のこと）
②あなたが取り組むべき「仕事」のプロセスを分解して、書き出します。
③それぞれのプロセスで、あなたの「やる気の素」に火がつくような創意工夫をできるだけたくさん書き出します。
④それぞれのプロセスで、実行できる創意工夫をひとつ以上選びます。
⑤早速、創意工夫を実行します。

●自分の過去から引き出したやる気の素を書き出す

「好き」	「得意」	「憧れ」

●仕事で満たされるやる気の素

仕事	仕事上の楽しみや喜び、満たされる価値観

さて、いかがでしたか？　「現在」の中にもあなたの自信を回復するあそびがたくさんあります。**過去と現在を見直すことで、少しずつあなたの多様な側面を取り戻しはじめているのではないでしょうか。**

自分を知るというのは、つらくて苦しいことだけではありません。いわゆる「主体感」と「肯定感」と「有能感」で構成されている自信。あなた自ら現在の状態を知り、「今、ここ」を味わうことができれば、「主体感」が高まります。

自分の嫌な面は、とうの昔から知っている、というのであれば、現在の自分のいい面や好きな部分に目を向けて、それをしっかりと受け止めることができると「肯定感」が高まります。

自分のやる気の素について考察を深めたことによってやる気が高まってきたとしたら、行動に結びついた「有能感」が高まってきた証拠！

過去と現在のポジティブな自分を受け入れてきたところで、次は「未来」という切り口から、あなた自身を探求する「あそび」を紹介していきます。

第5章

「未来の自分」を変える【未来】

直観力を磨くと「すぐやる人」「すぐ決められる人」になれる！

わたしたちはリラックスし、体と心に「あそび」が生まれると、変化を起こすことも行動することも容易になります。

その「あそび」は、現実のガチガチに詰まった連鎖の間に垣間見える隙間。ピッタリ閉まっていない扉の隙間のようなものです。

現実の隙間から漏れ出てくる微細な情報をつかまえることができれば、それがチャンスとなるのです。それは新しい世界につけ入る隙であり、変化を起こすためのチャンスです。

生まれた「あそび」を活かすと、俗に言う「直観力」が高まります。「あそび」のなかで心を鎮め、雑音に耳を傾けず、心の声に耳を澄ます。自分に素直になれる瞬間です。

あるがままの自分を見つめることができれば、何をなすべきかがわかってきます。緊張していたり、注意が散漫になっていると行動することも決断することもできません。

なぜなら、わたしたちのやる気の素や意欲といったものは、目に見えない、いわば微細な情報なのです。リラックスして、心身に「あそび」が生まれれば、やる気の素に意識を向けられます。**「あそび」があれば、自分のあるがままを認めることができるのです。**

自分のみならず、他人のあるがままの姿を認めることもできるでしょう。**直観力とは、自分の内面だけではなく、他人の言動、あるがままの姿やこの世界で起きているすべての物事から発せられた微細な情報をつかむ能力でもあるのです。**

直観力を向上させるためには、リラックスして心身に「あそび」を持つことが先決です。その上で、微細な変化や動きなどの情報をつかまえるのです。それができるようになると、おのずと「すぐやる人」になり、「すぐ決められる人」にもなります。

「時間がない」から卒業し、条件を仮定して予定をたてる

とにかく、わたしたちの日々は忙しい！

日本語の「働く」は、「はた（傍）を楽にする」から「はたらく」なのだという解釈もありますが、「楽になるのは傍ばかり」で「自分はいつも忙しい」というのでは救われません。

言葉遊びはこの辺にしておいて、日々仕事に忙殺されているからこそ、誰もが考えるのは、やりたいことは「いつか時間ができたらやろう」ということです。一年は365日あります。「時間」のある日もありそうなものですが、ほとんどできていない方のいかに多いことか。

確かにその通りです。過去の時間は過ぎ去って、すでにありません。現在はほんの一瞬で過ぎ去って、過去に変貌します。時間なんてどこにもありはしません。

「いつか」「そのうち」という言葉が口をついて出てくる方は要注意です！

『いつか』とお化けには会えたためしがない」などという言葉もあるくらいです。

「いつか」も「そのうち」も「未来」です。

いまだきたらざる「未来」のままにしておけば、いつまで経ってもくるわけがありません。

しかし、同時に、いまだにきていない時間だからこそ、これから使うことができるのだと考えてみることもできます。具体的な日付なり、スケジュールに落とし込んだ計画を立てれば、仮ではあっても未来の活動を確定することもできるのです。

また、「未来」だから、「もしも」と仮定することができるのです。「仮定の話には答えられない」として議論を嫌う方もいますが、「仮定」の話であればこそ、どんなことでも考えられます。思う存分、想像力を使って考えてみましょう。

未来を仮定するには３つの順序で考えましょう。

1. 制約なしの未来を想像する

まず、なんの制約もない未来を想像してみましょう。言い換えるならば、「自分にとって都合のいい未来」です。妄想でも構いません。あなたが最高にうれしい未来です。

2. 制約ありの未来を想像する

極端に制約のある未来です。あなたにとっては厳しすぎる未来です。全然うれしくない、最悪の未来でしょう。

3. 制約条件を場合分けしてできることを探す

1.と2.とで制約なしと制約ありの未来を見てみました。未来の制約の振れ幅が理解できたところで、制約の度合いによって条件を整理し、場合によってどんなことができるかを検討してみます。完全に無制約でない限り何もできないわけではありませんし、制約があるとしても、極端に何もできないところまで制約があるわけでもないということがわかるはずです。制約の場合分けをして、できることを見つけていきましょう。

この3つの手順を踏んで未来の条件を仮定してみます。すると、いくつもできることが見えてくるはずです。そのできることを、未来のスケジュールに落とし込んで計画し、予定を立てていけばいいのです。

計画とは、仮定に基づいて行動を予定するということです。

時間はなくても、仮定はできます。そして条件に適合した場合に、間髪を入れずに行動していけばいいのです。そうすれば「時間がない」と嘆いているだけでなく、自分のために時間を使うことができるようになります。

あなたの自信を奪う「エナジーバンパイア」に振り回されない

「エナジーバンパイア」という言葉を聞いたことはありますか？

なんだか恐ろしい名前ですね。直訳すると「エネルギーの吸血鬼」ですね。人の生き血を吸って生きる吸血鬼のように、他人のエネルギーを吸い取るというわけです。ＳＦかスリラー小説に出てくるキャラクターかと思ったら、わたしたちの周囲にいる、ある種の人たちのことだそうです。**本人が気づく気づかないにかかわらず、他人の生きるエネルギーを吸い取ってしまう人です。**

「エナジーバンパイア」には、いくつもの種類があるそうです。

「被害妄想型」「優柔不断型」「不平不満型」「自己優先型」などなど。

分類を見ていて、なんだかどこにでもいる人ではないかと思えてきませんか？

「エナジーバンパイア」は心の中に

このエナジーバンパイア、実はなんのことはない、わたしたちのことなのです！

わたしたちのことならば、エナジーバンパイアを撃退する！　なんてのはもってのほか。それなりに事情があったから「被害妄想」が生じたり、「優柔不断」になってしまっただけです。

でも、繰り返しになりますが、人はいつでも変わることができます。**自分の弱みも強みも受け入れることによって変わることができるのです。**つらい人間関係は、自らの気分を上げて、明るい気持ちになっていけば、自然と遠ざかっていきます。むしろ、自分が

「被害妄想」や「優柔不断」などの世界に陥って、エナジーバンパイアにならないように、明るく前向きな気持ちでいきたいものです。吸血鬼も日の光が嫌いでしたね。日の光を浴びて明るく前向きになれば、自分も他人もバンパイアになんてなりません。

わたしたちは、他人の言動が気になったり、叱責されて意気消沈したりするので、わたしたちの気分や感情は常に他人の影響下にあるかのように感じて暮らしています。

しかし、わたしたちは人生の主人公です。

筆者は、これまでの著作のなかでも説いてきましたが、気分は選べるのであって、必ずしも他人の思い通りにさせる必要はないのです。あなたが明るい気分を発していれば、エナジーバンパイアは寄ってきません。

あなたの夢をつぶす「ドリームキラー」に惑わされない

あなたの夢をつぶしたり、やる気を削いだり、とかく批判的な人を「**ドリームキラー**」と呼ぶことがあるようです。あたかも他人がわたしたちの夢をつぶせるかのような言い方である「ドリームキラー」という言葉は、わたしたちを惑わします。

実は、自分の夢を殺せるのは自分だけです。**他人に何を言われようと、自分が夢をあきらめなければ夢は殺されません。**

「そんな夢みたいなことを言うな！　現実を見ろ！」
「お前の夢なんて叶うわけがない！　まともな職に就け！」
「もう夢みたいなことを言っている歳ではないだろ！」

他人が何を言おうと自由です。それと同じように、あなたが何を考えようとも自由なのです。**他人の言葉を真に受けて、あなたが夢をあきらめたとき、はじめて夢は殺されたと言えるのです。**

あなたがあきらめない限り、夢は生き続けます。すくすくと育つでしょう。そしてあなたが夢の実現のための行動をし続ければ、夢は現実のものとなって形を現していくでしょう。

わたしは学生時代までは、イラストレーターになりたいという夢を持っていました。しかし、大学を卒業し、企業に就職することになったあたりで、イラストレーターになる夢をあきらめました。当時、取り立てて決定的なことがあったわけではなかったのですが、会社員の忙しい生活が始まることを予想して、絵を描いている余裕がないと思い込んだのかもしれません。わたしは自分で自分の夢を殺したのです。

当時を振り返ると、別に自分で自分の夢を殺す必要はなかったと思います。イラストを描くのが好きならば、勝手に時間をつくって描いていけばよかったのです。そして、もしも今でもその気持ちが残っているのであれば、もう一度その夢を育て、実現のための行動をしていけばいいのです。

さらに今の自分の視座から考えれば、わたしは絵のみならず音楽や文学などの芸術系のことが大好きなのですが、毎日でもやっていたいことは、絵よりも音楽よりも「文章や言葉を紡ぎ出していくこと」だったのです。大学卒業当時にはそこまで明確にわかっていませんでしたが、何か本能的に言葉のほうが大事だと思って、絵を描いて暮らしていくということについては消去法的にあきらめたのではないかと思っています。

夢にさよなら

わたしの体験も、夢を殺した原因は外にはありませんでした、完全にわたしの意思でした。自分が主体的に夢を取捨選択するのは、まったく悪いことではありません。あたかも他人のせいで夢をあきらめたかのような振る舞いをしていると、感覚1（「わたしは主人公だ！」）が傷つけられ、自信を失っていくことになります。

もしもあきらめなければならない夢が出てきたら、それは、自らの意思で手放してください。

いいのです。ずっと握りしめていなくても、一時的に手放したのだと思って、快く次の行動に進んでいってください。

もし、もう一度取り組みたくなったら、またやればいいではないですか。

だから他人のせいにはしないことです。あくまでも自分の意思で取捨選択するのだということです。

それでは、未来を受け入れる7つの「あそび」を見ていきましょう。

《１》３つの感情表現で「笑い」を生み出す「あそび」

ガチガチに凝り固まった頭や、前例思考しかできないと、これからのビジネス社会で生き残るのは大変です。今よりもいっそう新しい発想が求められていくでしょう。

未来を生き抜くために、今からわたしたちは意識をシフトしていかないといけません。このように言うと、なんだか大変なことをしなければならないように思うかもしれませんが、やるべきことはもっとシンプルです。

そうです。心に「あそび」を持つことです。

特に未来を構想するときは、心に「あそび」がなければ何も生み出せません。

未来は未定であり、何も確定していないのです。「何を描いてもいい」と言われた上で絵を描くというわけです。広大な白いキャンバスをあなたの絵の具で埋めるにはあそびゴコロが不可欠です。

本書で何度も言及してきましたが、「あそび」は、「余地」のことでした。「あそび」があるからこそ、決断や行動をしやすくなるのです。

あそぶとは、いわば、「頭のねじを緩める」のこと。そうすることで、わたしたちの思考や行動の範囲を拡大、自由度を上げることができるのです。視野が広がり、目の前のことへの執着心が薄れ、全体の状況を俯瞰することができるようになります。

「あそび」ゴコロのある意識状態で未来の課題に取り組んでいけば、可能性がどんどん広がり、自由に動いていけます。

そこから未来を描くことが始まるのです。**「あそび」にユーモアが加われば、笑いとなり、笑いは未来の霧を晴らします。**笑いは、自分の心身と行動に自由をもたらすものなのです。

未来を切り開くために、3つの感情表現（表情・動作・言葉）を使って、あなたの心に「笑い」を生み出す方法を紹介します。

あそび方

①表情……緩んだ笑顔や変顔をつくります。それを鏡で見てみたり、写真に撮って確認したりしましょう。変顔は、それを見て笑い出してしまう顔を自分なりに探求してみてください。

②動作……滑稽な動作やダンスをしてみましょう。やっている自分がバカっぽいほうが笑えます。また、ゆったりとストレッチをして体をほぐしてから、奇妙な動きをしてみるとやりやすくなります。

③言葉……ジョークや冗談を口にする。筆者が講演会や日常会話のなかでよくやっているのは、顔の筋肉の力を抜いて「サ行」の言葉をすべて、英語の「TH（発音記号はθ）」音で発音する方法です。このあそびを「THくんになる」と呼んでいます。この発音で話をすると、なんだか気の抜けたような雰囲気が出て、自分でも噴き出してしまいます。

《2》死後の世界から今を見る「あそび」

「死後の世界はあると思いますか」と聞かれたらなんと答えますか？

わたしの答えは、「あります」です。

ただし、ここでいう死後の世界というのは、「自分の死んだ後の世界」という意味です。**あなたが死んだ後に残された人たちの過ごす世界のことであり、伴侶や家族、友人、知人がその後も生き続ける世界のことです。**「そういう死後の世界がある」というのは、哲学的な議論は抜きにして、日常感覚としてはおかしくありませんよね。

このような意味での「死後の世界」はある種、本質的で「究極の未来」です。自分のいない未来の世界。そこに思いを馳せてみたいのです。それは遠い未来とは限りません。いつ何時「死後の世界」が訪れるかわからないのです。

考えてみれば、わたしたちはよくぞ今日まで生き永らえたものだと思います。個人的な生活においても、さまざまなことがあったことでしょう。社会的にも天災もあれば人災もあり、戦争も疫病もあったのです。ここまで生きてこられたことに感謝できると、世界の見え方は変わります。そんなことを言われても、実感が湧かない、と思うかもしれません。

では、遠い未来の話ではなく、もしも今日があなたの人生最期の日だったとしたらどうでしょうか。人生は何が起こるかわかりません。突然、最期の日を迎えたとしたら。

想像してみてください。
突然です。今日が最期の日だとしたら。
今日から1週間以内に、お通夜と告別式が行われるのでしょうか。お通夜のあとの通夜振る舞いや葬儀のあとの精進落としなどの場での友人たちの会話を想像してみましょう。あなたの思い出を語り、悲しみ、死を悼み、惜しんでくれている姿を思い描いてみましょう。その上で、我が身を振り返ってみてください。

「まだ死んでいない。生きている」

「まだできる。やれることがある」

「たくさんの方にお世話になった分、恩返しをする時間もある」


そんなふうに思えたり、今までのあなたの人生のいいところも悪いところも見えてきたりするかもしれません。

このあそびをやった後に、日々眠りにつき、朝、目を覚ますわたしたちにとって、夜の睡眠は、死と再生の秘儀のように思えてくるかもしれません。


わたしたちは、日々死んで日々生まれ変わっている。


そう考えたら、輝かしい未来のために、いつだって過去の自分にさよならを言うことができるはず。

今日から毎日、あなたらしい人生の新しい一日を始めることができるのです。

あそび方

①今日の日付（死亡日時）と年齢を書き留めてください。
②お通夜に参列する知人・友人・家族の名前を書き出してください。
③一人ひとりがどんなことを言っているか、書き出してみましょう。
④その光景をできれば図に描き、スケッチしてみましょう。略図でも結構です。
⑤彼らの言葉やその光景を想像で味わってみて、いかがでしょうか。
⑥今、人生が終わってしまったことを深く味わってから、それでもまだ、生きていることをしみじみと味わってみましょう。

死亡日時と年齢	

●お通夜参列者の顔ぶれを想像してみましょう

名前	発言内容

《3》10年後の「心躍る未来像」を見つける「あそび」

あなたは新しい人生を歩むスタートラインに立っています。
どんな光景が見えますか?
いや、どんな光景を見たいですか?

未来は、まだ何も確定していません。あなたが動きだせば、それによって世界が動きだします。あなたが今、ここにとどまっている限り、世界は動きだしません。あなたの意図、意思、思い描く未来像に向かって行動しはじめたとき、未来はあなたの意を酌んで動きだします。

あなたの「心躍る未来像」を思い描いてください。

過去と現在をさまざまな角度から検討してきたあなたは、今なら「心躍る未来像」を思い描く準備ができたことと思います。

過去の「好き」「得意」「憧れ」を思い出してみてください。そこで得られたあなたの「やる気の素」は何だったでしょうか。その「やる気の素」が未来において十分に開花し、想像を超えて現実化したらどんな世界が出現するでしょうか。「あそびゴコロ」をもって想像してみてください。

あそび方

①過去の「好き」「得意」「理想像」から「やる気の素」を書き出します。
②今から10年後にその「やる気の素」がすべて満たされて、あなたにとって〝都合のよすぎる現実〟となって現れているとしたら、どんな状態でしょうか。
③さらにその状態に加えて、「10分野！」の各分野が10点満点の状態を想像してください。全部の分野が最高の状態です。「これ以上ない！」と大声をあげたいくら

いの未来です。

④この10点満点の未来をさらに二倍してください。満足度が2倍、20点の世界です。もう気も狂いそうなくらいうれしくて、喜ばしくて、笑いが止まらないほど感動的な世界に違いありません。「信じられない！」と叫びたいくらいの状態です。

⑤そんな「信じられない！」ほどの未来像の、ある日、あるとき、ある1秒間の場面を想像しましょう。どこに、誰といて、何をしている場面にしましょうか。その一瞬の場面の背後には、満足度10点満点の2倍の「信じられない！」状況があり、それを体で感じています。

⑥その場面をよく見てください。何が見えて、一緒にいる人はどんな表情、姿、動きをしているでしょうか。耳を澄ませば、何が聞こえますか？　一緒にいる人の声、空気のかすかな音、あるいはBGM。「信じられない！」世界を実感しているあなたはそれを全身でどのように受け止めていますか。

⑦場面の設定ができたら、5つの感覚（視覚・聴覚・嗅覚・触覚・味覚）を総動員して、その場面を味わってみてください。軽く目を閉じて、心ゆくまで味わってください。

⑧味わってから、この場面にひとことでタイトルをつけてください。ちょうど映画や絵画や小説にタイトルがつけられているように、あなたが味わった「信じられない！」場面にもタイトルをつけてください。

タイトル

「　　　　　　　　　　」

これが、あなたの「心躍る未来像」のタイトルです。

《4》輝かしい自画像を描く「あそび」

これまでの自分とは違う「心躍る未来像」に続く道を歩みだすために、あなたはどんな人であったらいいのでしょうか。

わたしたちは、自分をどのように見ているか、どんな人物だと思っているかによって行動が方向づけられていきます。**「心躍る未来像」にふさわしい自画像、自己認識がこれからは必要なのです。**

「心躍る未来像」のあの場面に、ぴったりはまるあなたはどんな姿でしょうか。「心躍る未来像」では、あなたの視座から見えた世界を体験しましたが、今度は、その世界にいてあなたはどんなふうに見えたらいいのかを深く味わいます。

このタイトルを目にすればいつでもあなたの「輝かしい自画像」を思い出せるように何度も復習して、しっかりとイメージを脳裏に焼き付けてください。

あそび方

①《3》の「心躍る未来像」を思い出してください。
②その場面の登場人物の視座から、あなたがどう見えたらいいのか、未来像にふさわしい自分像を思い描いてください。
③ほかの人物の視座から見えた自画像も順番に味わっていきましょう。
④多角的に検討して、見えてきたもの、気づいたこと、感じたことを書き留めましょう。
⑤書き出した特長が、あなたの輝かしい未来に必要な要素です。それを統合して表現すると、「輝かしい自画像」となります。この自画像にもタイトルをつけましょう。

タイトル

「　　　　」

見る人	私のことをこのように見ててくれている

●「私の特長」をどんなふうに捉えられたいか？

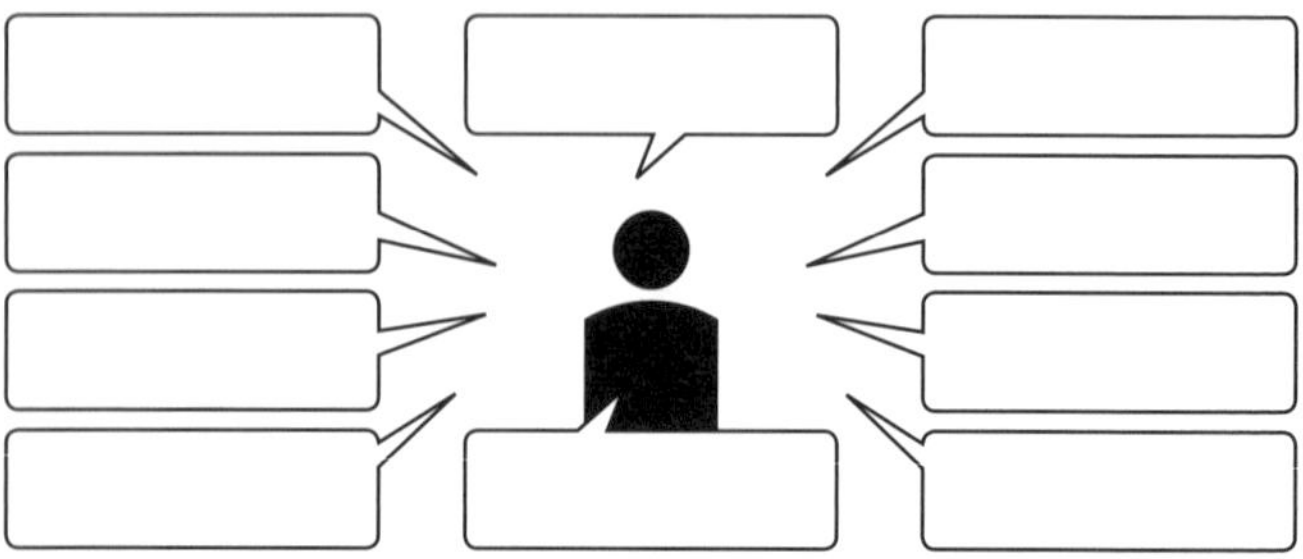

《5》輝かしい未来の理念をつくる「あそび」

ここまでに見た「未来像」と「自画像」のタイトルをもとにして「輝かしい未来の理念」を明確にすると、あなたの行動はぶれなくなります。首尾一貫し、パワフルなものになります。

もしも岐路に立たされて、厳しい判断を要求されるような場面に立ち会うことになっても、判断の基準があるので、あなたは自信をもって決断し、前に進むことができます。

このような理念が正しいかどうか、ということに気を取られないでください。正しいかどうか、それは、行動によってしか検証できないのです。行動し、その仮説を世界に投げかけて、検証するのがわたしたちの人生なのです。

一人ひとり違う人生を送っているのは、無数の仮説を同時にそれぞれが人生の本番で実験し検証しているのです。実験は実際に行わないと実験とは言えません。そういう意味で、実験は本番で、本番は実験なのです。**わたしたちの人生は、実験の連続なのです。**その実験を導くのが「**輝かしい未来の理念**」なのです。

あそび方

①「輝かしい未来の理念」を短い文章にまとめましょう。

②それを手帳に書いたり、見えるところに張り出しておくと、あなたを常に勇気づけてくれることでしょう。

この「輝かしい未来の理念」を大事にして、まさに輝かしい未来を切り開いていきましょう！

《6》「なせばなる道のり」を思い描く「あそび」

ここまでにあなたは「心躍る未来像」と、スタート地点としての現在を比較できるようになっているはずです。

比較しても、そう、自分をいじめてはいけないんでしたね。いじめるかわりに、どうやって「現在」から「心躍る未来像」を現実のものとするかを考えればいいのです。

それは現在地と目的地の関係と同じです。ふたつの地点の間に、道があるのです。それはひとつとは限りません。いく通りもの道があります。どの道を通ればいいのかを検討していきましょう。道には茨の道もあれば、転がり落ちるような下り坂も、進むのが大変な上り坂もあれば、平坦な道、曲がりくねった道、景色のいい道、スキップしたくなるような楽しい道もあるでしょう。

先に描いた「心躍る未来像」は10年後の未来でした。今から10年間、どんな時間が流れ、どんな体験をするのか、実際に歩きながら味わってみましょう。屋内でも屋外でも構いません。3メートルでも10メートルでも構いませんし、テーブルの上の10センチでも30センチでも構いません。一直線の上を歩いたり、小さければ指でなぞりながら、10年間の変化を目を閉じて味わってみてください。

10年間はわりと長いので、遠い将来がはっきりしていなくても結構です。ぼんやりとしていても、自分がそのときにどんな気分でいたいかを味わってみましょう。具体的に何をしているかは、時が近づけば明確になっていくものです。

あそび方

①何もない部屋の床、または紙の上に、現在地であるスタート地点と10年後の心躍る未来像であるゴール地点の印をつけてください。

②スタート地点からゴール地点までの道のりを床の上で実際に歩いたり、紙の上を指でなぞったりしながら、10年間の道のりを味わってみましょう。

③一度、10年後まで行ったら、「心躍る未来像」を臨場感たっぷりに味わってみます。そこで感じたこと、気づいたことをメモしましょう。

④次には、10年後から過去に後ずさりして、現在まで戻ってきてください。これは、望ましい10年間の道のりを逆向きに思い描くということです。実際に床を歩いている方は後ずさりしてみましょう（転ばないようにご注意を）。未来の方向を向いたまま、後ずさりするということです。指でなぞっている方は、未来に意識を向けながらフィルムを逆回しするように戻っていってください。

⑤現在まで戻ってきたら、そこで感じたこと、気づいたことをメモします。

⑥今度は、その一直線をヨコから眺めて、現在と10年後、そしてその間の時間を見比べてください。そこで気づいたことをまたメモしてください。

⑦現在から10年後に向けて歩いたり、10年後から現在に後ずさりしたりすることを何度か繰り返して、ルートを微調整していきます。そうやっていくと、だんだん「現在」から「心躍る未来像」にまでたどり着く道のりが明確になっていきます。

⑧あなたにとってベストな10年間の行動計画、スケジュールを立ててください。それがあなたにとっての「なせばなる道のり」です。

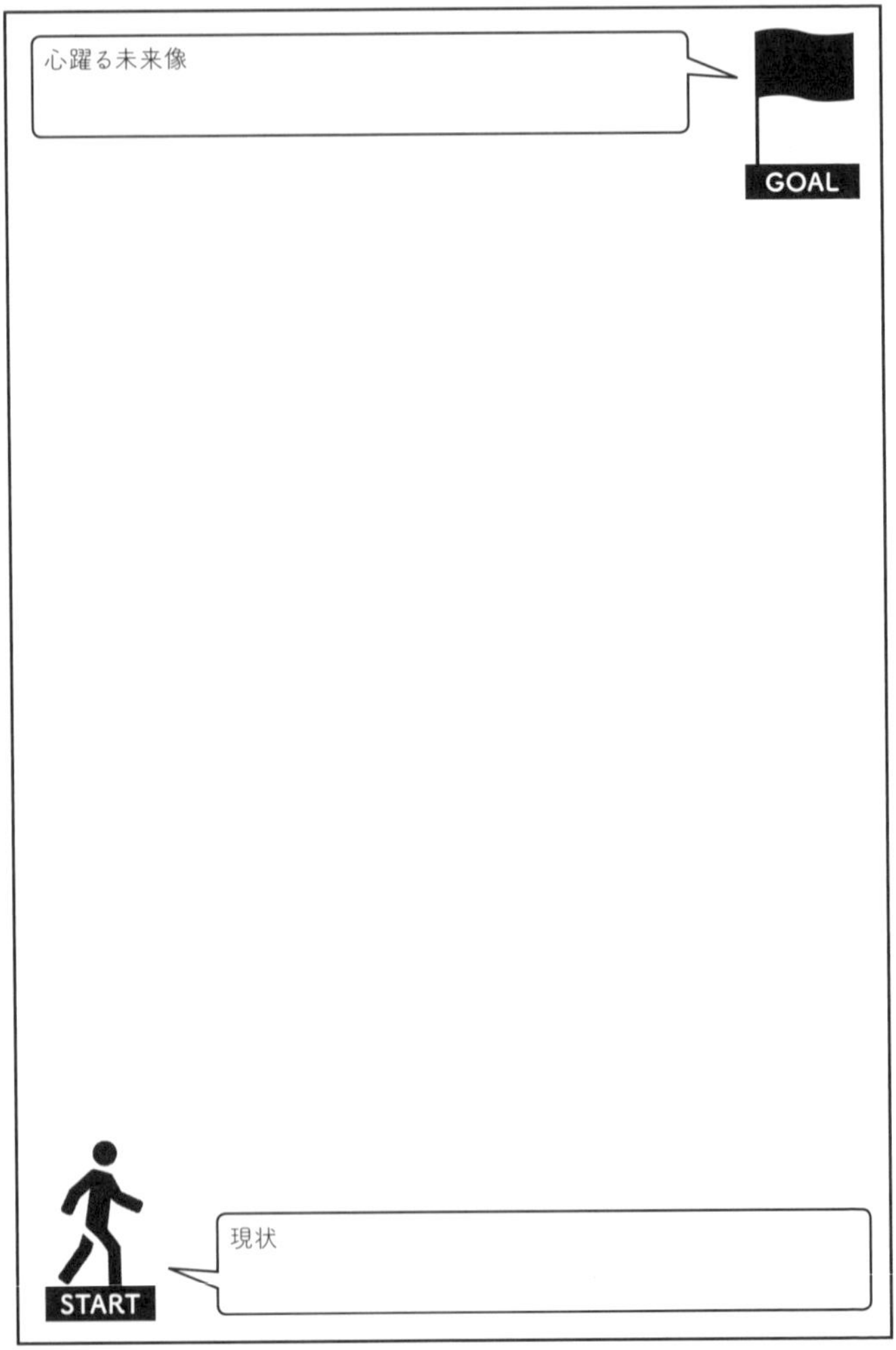
心躍る未来像
GOAL
START
現状

《7》「あすのわたし」を唱える「あそび」

あなたは新しい道を歩みはじめ、昨日よりも今日、今日より明日、明日より明後日とますます発展を遂げていくことでしょう。

自分を励まし、勇気づけ、祝うような言葉を常に持っておくことも大事です。**明るく前向きで未来志向の言葉を口にすることで、あなたは自らを未来に導いていくことができます。**

前向きな言葉が未来の自分をつくるという意味で、「あすのわたし」を唱える「あそび」をすすめています。

「あすのわたし」は、次の言葉の頭文字をつなげたものです。こういうのを「折り句」と言います。「あすのわたし」という言葉で、前向きな言葉を思い出せるようにしておく工夫です。

あそび方

①次に挙げる言葉をつなげて唱えてみましょう。

「あすのわたしはありがたく素晴らしくのびやかに和して楽しみ仕合わせです」

あ……ありがたく「感謝・喜悦・謝恩」
す……素晴らしく「優良・魅力・立派」
の……のびやかに「成長・伸長・弛緩」
わ……和して「調和・平和・親和」
た……楽しみ「喜楽・娯楽・愉楽」
し……仕合わせ「共鳴・協働・幸福」

毎日口ずさんで、心に刷り込んでいくと、〝日々ありがたく素晴らしく伸びやかに和して楽しみ仕合わせに〟向かって人生が動きはじめます。ぜひ試してみてください。

第6章

「夢を叶える自分」になる【行動】

3週間=21日後には「新しい自分」がスタート！

ここまで3つの章にわたって、「過去」「現在」「未来」という切り口からあなたのありたい姿、生きたい未来を探りながら、21項目の「あそび」を紹介してきました。

これらは、自信を取り戻す3つの感覚（「わたしは主人公だ！」「いていいんだ！」「できる！」）を高める目的で考えられたあそびです。

すでに読みながら「あそび」を実際にやってみましたか？

あるいは、ふんふんと頷きながら読んでこられたのでしょうか。それでも構いません。改めて、これからひとつひとつの「あそび」に取り組んでみませんか、という提案をしたいのです。

一日につき、ひとつのあそびに取り組んでいけば、ちょうど3週間で終わるようになっています。毎日取り組んで、焦ることなく一歩一歩確実に探求していただけるように「あそび」を配置してあります。

徐々に３つの感覚が高まり、自然と自信が生まれます。**そして「心躍る未来像」が見つかり、新しい習慣が生まれ、新しい人生を歩んでいけることでしょう。**

３週間たった後には、あなたは正真正銘新しい人生を踏み出しているはずです。いや、あなたが「あそび」を始めた時点で新しい人生を歩みだすのです。

それはもう間違いのないことです！

ここまで読んで、概要はわかっているのですから、リラックスして楽しんで「あそび」に取り組んでいただければ、筆者としてこんなにうれしいことはありません。あなたのあそびゴコロに満ちたチャレンジを心からお祈りします。

以下、本章では、「あそび」を実践するに際して、さらに押さえておきたいポイントやメッセージを書き綴っていきます。

夢を叶えるための王道はあるの？

ここまで本書で紹介してきた「あそび」に沿ってご自身の世界を探求してきますと、「心躍る未来像」がだんだんと見えてきたのではないでしょうか。
「心躍る未来像」をありありと思い浮かべて臨場感たっぷりに味わってしまうと、居ても立ってもいられなくなって行動したくなります。

そのとき、あなたはどうしますか？
「心躍る未来像」を実現するために、ひとりで頑張りますか？
それとも協力者を募って行動しますか？

わたしたちが夢を描いてそれを実現したいと思って行動しはじめると、ついつい誰にも言わないでひとりでこっそりがんばろうと考えてしまいがちです。

まずひとりで考えたり書いたりして考えを深めていくということはとても大事なことです。でも、そのままずっとひとりで続けていこうと思っているのであれば、ちょっと考えてみてください。

不言実行といえば格好いいですが、人目につかずに黙ってやれば、途中で失敗しても恥ずかしくないからというのが本音のところではないですか。

あなたの成し遂げたいことは、ただひとりでできることでしょうか。もしも、あなたの夢が大きなものであるならば、誰にも言わずに事を進めるのは得策ではありません。ビジネスであれば、少なくともお客様に知っていただかなければならないのです。

人に知られずに、などという発想は捨てましょう。夢をかなえるためには、実際に周囲の人の協力、ひいては多くの方の協力が必要になってくるはずです。

では、どうしたら多くの人の協力を得られるのでしょう。

SNSなどを使った情報発信?

確かにそれも正解です。あなたが行動を起こしはじめたことを、広く伝えていく行動が必要です。

しかし、あなたが叶えたい個人的な「心躍る未来像」を延々と発信し続けて、はたして協力者が集まるのでしょうか。

もちろん、集まる場合もあります。その一方で、誰も集まらないこともあります。

人が集まる未来像と集まらない未来像とでは、何が違うと思いますか。

端的に言えば、あなたしか悦ばないような「心躍る未来像」であるならば、誰も協力しないでしょう。

しかし、あなたが悦ぶのはもちろんのこと、あなたの周りの人やまったく無関係な人まで悦ぶような「心躍る未来像」だったらどうでしょう。多くの人が、協力したいと申し出てくるのではないでしょうか。

「自分だけの夢」よりも「みんなの夢」です。みんなの夢ならば、みんなが我がことのように協力を惜しまないでしょう。

もしもほかの人にとっても悦びであるような未来像であれば、あなたを応援する人や協力者が現れます。**周囲の人にとっても心躍る未来像であるからこそ、みんなが「自分ごと」と捉え、我がことのように関わろうとしてくれるのです。**

実は、自分だけが悦ぶ夢よりもみんなが悦ぶ夢のほうが叶いやすいのです。多くの方が利用するようになった「クラウドファンディング」がいい例です。みんなの夢を語ることができたプロジェクトがファンディングを成功させています。

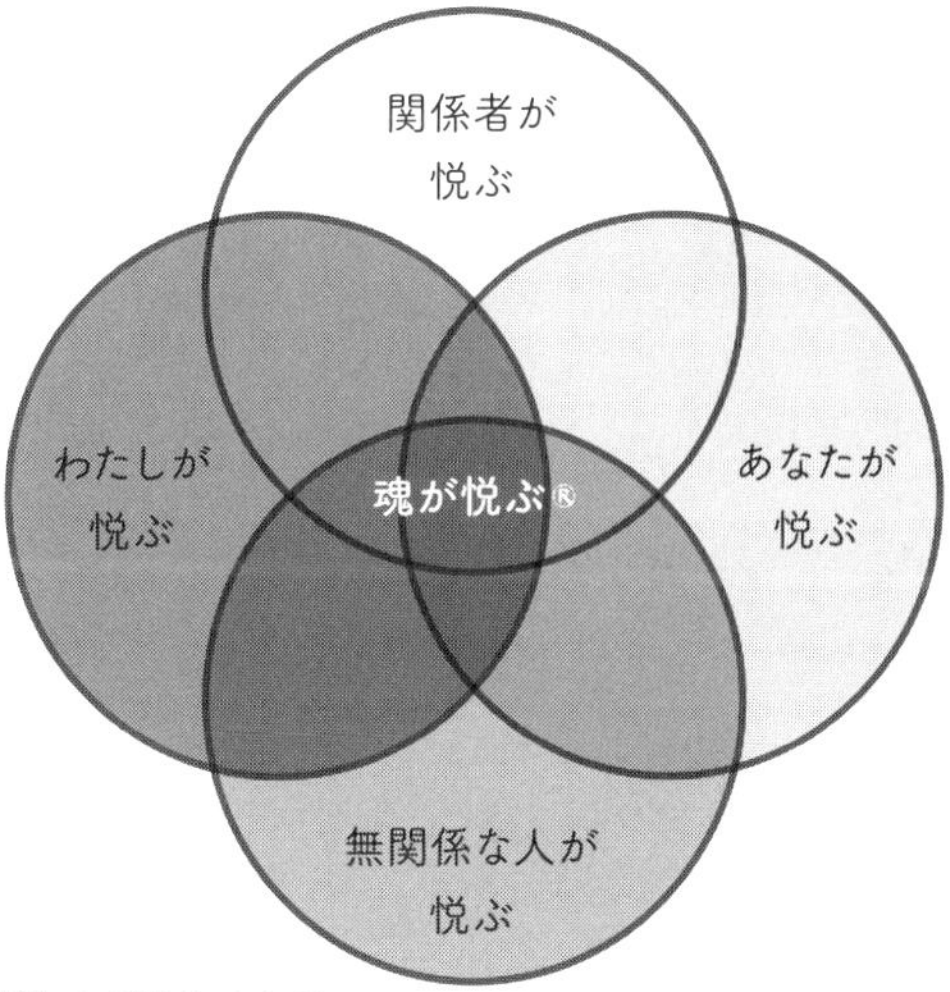

「魂が悦ぶ®」とは？

「心躍る未来像」を思い描いたら、さらに、多くの人が協力している姿も追加してイメージしてください。

あなたに関係する人たちが、あなたの成功を歓迎してくれる姿を「心躍る未来像」に組み込んでほしいのです。あなたの悦びが、別の角度から見れば、まさにほかの人たちの悦びでもあるような未来像を思い描いてほしいのです。

そのようにあなたが悦び、他人も悦び、地域も国も世界も悦ぶような状態を筆者は**「魂が悦ぶ®」**と呼んでいます。全世界、大宇宙の魂が悦びに鳴動しているような状態です。

あなたのいわば個人的な「心躍る未来像」がそのままに**「魂が悦ぶ® 未来像」**であるならば、応援の力が集まり、あなたは悦びのうちにその未来像を現実のものとするでしょう。

単にあなたにとって素晴らしい未来ではなく、多くの人にとっても素晴らしい未来であることが、夢を実現させる〝王道〟です。

あなただけの「心躍る未来像」を！

「あなたの夢を否定する人」のうまい活かし方

あなたは「夢」に向かって歩きだしています。かつては自信がなかったかもしれませんが、自分を見つめ直す過程で、少しずつ自信めいたものを実感しはじめているはずです。その微細な感覚を大事にしていってください。

「心躍る未来像」とは、ひらたく言えば「夢」です。

あなたの「心躍る未来像」をいきなり聞いたら、びっくりする人もいるでしょう。そしてこんなふうに言うかもしれません。

「夢なんて見てないで、現実を見ろよ！」

そう言われたらどんな気がしますか。しゅんとする必要なんてありませんよ。

まず、「夢」とは何なのか、解きほぐしてみましょう。

「夢」＝「心躍る未来像」。

あなたはすでにしっかりと「夢」を見ました。だからこそ「夢」を実現するために一歩また一歩と歩んでいるのです。そして、「夢」はわずかながら現実になりはじめます。すでに実感しているかもしれません。そこで言われたのがこの言葉。

「現実を見ろよ！」

現実とは、現在の目の前のことです。大いに現実を見ましょう。あなたがすでに行動していたら、現実もこれまでに変化し、成果を生んできたはずです。そのわずかな成果をしっかり見ましょう！　そう、

「できたことがある！」
「起きた変化がある！」
「前進した軌跡がある！」

それをしっかりと受け止めましょう。あなたはとどまっていなかったのです。

着実に変化を起こしてきたのです。ただ「心躍る未来像」を思い描くだけではなく、現実を変化させてきたのです。その現実を見ろと言ってくれているのです。ありがたい言葉ですね。

投げかけられた言葉は、ちょっと語気がきつかっただけです。「現実を見ろよ！」というのですから、あなたはあなたのできたところ、起こした変化、やれているところを見ましょう。決して、「まだまだできていない……」などと、現実にないものを見る必要はないのです。

あなたには、これからの予定があるだけなのです。**ひとつひとつ楽しみながらこなしていく「なせばなる道のり」があるだけなのです。**

では、頭ごなしにあなたの夢を否定してくる人がいたらどうでしょうか。気分が悪くなるようだったら、わざわざつきあう必要はありません。**しかし、気分が悪くならないようだったら、参考にしてもいいかもしれません。**

あなたが生き生きと精力的に活動しているにもかかわらず、頭ごなしに否定する人は、あなたにとって必要な情報を伝えにきてくれているのかもしれません。

「そんなやり方じゃダメだ！」

ならば、どうやったらよくなるのかを考えるきっかけになります。

「そんな甘いこと考えていたってだめだ！」

ならば、もっとしっかり考えるきっかけにしましょう。

あなたは、あなたの考えを持ち続ける権利があります。心がワクワクするのですから、取り下げる必要はありません。

しかし、すべては仮説です。**仮説を実験し、検証するのがこの人生です。**他人の意見は、あなたの仮説に基づいた実験をするために役立てることができる限り、どんどん利用しましょう。あなたが意気消沈する必要はありません。

たとえばヨットが、逆風すら前進のエネルギーに利用するように、あなたも反論や批判すら味方につけて、前進のエネルギーに変えていきましょう。

あなたを否定する人が現れても、切り捨てるなどということを考える必要はありません。**他人は他人で、その人の人生を歩んでいる貴い主人公です。**そんな人格を切り捨てるなどという乱暴なことは考えなくていいのです。意見の違いは、貴重な情報です。活かしまくりましょう。

その上で、あなたは誰と付きあってもいいし、誰と付きあわなくてもいいのです。一緒にいたくなければ、いなければいいのです。

むしろ切り捨てるべきは、「その人から好かれていなければならない」とか、「嫌われるのが怖い」とか、「誰からも愛されなければならない」という執着です。

八方美人な考え方こそ切り捨てましょう！

大いに切って切って、切り捨てましょう。人を切り捨てるのではなく、あなたの心の迷いや執着を切り捨てるのです。

くれぐれも切り捨てる対象を間違わないようにしましょう。

「魂が悦ぶ®ノート」をつける習慣を！

輝かしい未来は、日々の行動の積み重ねによって実現できます。

歩みを止めてしまったら、せっかくの未来もやってきません。テレビの長寿番組に『水戸黄門』という時代劇がありましたが、その主題歌では、まさに日々のたゆまぬ歩みの大事さが歌われていました。

人生には楽しいときもあれば苦しいときもある。山あり谷ありなのであって、苦しいときに音をあげて歩みを止めてしまっても、あなたの代わりは誰にもできない、だからさあ、歩み続けなさい。

そんなメッセージの込められた歌でした。

しかし、ひとりで歩むのはつらいものです。仲間を募り、魂が悦ぶ®活動をしていってほしいのですが、それでも自分のありのままを見つめる時間が必要です。常に仲間と一緒にやっていたとしても、ならばなおのこと。**ひとりになって自分を見つめる時間を確保してほしいのです。**

あなたの〝心の奥の声〟を聞く時間です。瞑想をするのもおすすめですが、ここでは、瞑想以外のやり方で自分と向き合う方法を紹介します。

それは、「一冊のノートを用意して自分の気持ちを書き綴る時間をもつ」というものです。「ノートに向かって独白する」ようなイメージで、これを毎日続けていると、カウンセリングやコーチングと同じような働きをします！

筆者は、『魂が悦ぶ® 出版講座』の受講生の皆さんに、このノート法を「魂が悦ぶ® ノート術」として教えてきました。皆さん、毎日一定の時間、ノートに自分の思いを書き綴ることによって、心がすっきりして、新しいアイディアが次々と生み出され、仕事の効率・効果を劇的に上げています。

この「魂が悦ぶ® ノート」は、市販のノートを用意すればすぐに始められます。**必ず、表紙のタイトルには「魂が悦ぶ® ノート」と書いてください。**これによって、このノートに何かを書くと、全宇宙の魂が悦ぶのだということが心に

1日1回、自分に向き合おう

刻み込まれます。

これは、感情の掃きだめでもなんでもありません。書けば書くほど魂が悦ぶのだ、と意識することで、本当に心から悦べるノートになるのです。

もうひとつとても大事なことは、「このノートの中身は、一切他人に見せない」というルールを守ること。「他人に見せることもあるかもしれない」と思っていると、いつしか本音を書くことがためらわれてしまいます。**ですから、「絶対に人には見せない」ということを決めてください。**

要は、あなたがこのノートを誰にも見せないという前提で、素直になって言葉を書き連ねていく時間を毎日とることが大事で、それ以外に面倒なルールはありません。

毎日の内観、内省をもとに、頭に思いついたことを片っ端から書き綴っていってください。**小さな変化が起きます。そして、その小さな変化がやがて大きな変化につながっていくでしょう。**

一日1時間、自分だけの時間をもとう

内省するためのノート「魂が悦ぶ®ノート」を書く時間を毎日とって「自分だけの時間」をもつことの大切さを説明しました。

日々忙しく過ごしていると、自分に向き合う時間が削られてしまいます。その結果、自分の本当の気持ちがわからなくなってしまうことがあるのです。**他人や家族に振り回されない時間をもつことは、とても大事なのです。**

ノートを書く時間をもつだけでもいいのですが、トータルで一日1時間くらいは自分だけの時間をつくりたいものですね。カフェでお茶をしながらぼーっとするのでもいいし、好きな音楽を聴いたり、好きな映画を見たりでもいいのです。アートが好きな人は、美術館に行って1時間くらい過ごす時間をとってみてはどうでしょうか。

毎日1時間もつよりも、週に1回まとめて時間をもつほうがやりやすいという方もいるかもしれません。しかし、毎日1回もつことをおすすめします。

わたしたちは、日々たくさんの経験をし、情報に接しているのです。そういった混沌とした自分の心を整理する時間は、毎日1回とったほうがいいのです。人間は寝貯めができず、食いだめができないのと同じです。

毎日1時間とっていれば、1年たてば、365時間を費やすことができるのです！　365時間もあれば、ちょっとまとまったことだってできるようになります。


新しい人生を踏み出したあなたであればこそ、なんとしてでも毎日合計1時間は自分と向き合う時間をもってください。

「よい気分」をキープしよう

筆者はこれまでの著作でことあるごとに「気分」の大切さについて訴えてきました。特に『やっぱり、気分を上げればすべてうまくいく』（朝日新聞出版）では、気分と行動の関係についてかなり詳しく説明し、気分をコントロールする方法について述べました。

気分とは、わたしたちの「生命エネルギーの状態」のことです。

気分が上がっているというのは、生命エネルギーが活性化した状態です。
気分が落ちているというのは、生命エネルギーが沈静化している状態です。
どちらがいいとか悪いということではありません。
そして、前向きな気分は行動を促進し、後ろ向きの気分は行動を抑制します。

前向きな気分は可能性が開かれ、後ろ向きな気分は可能性を狭めます。

あなたが何をしたいかによって、気分をコントロールしていくことが大事です。難しそうに思われるかもしれませんが、実は、気分は簡単にコントロールできます！

そう、気分は自分で選べるのだから、これからしたい仕事や行動にとって「どんな気分が最適か？」と考える習慣をつけることをおすすめします。

活動的なときは活動的な気分。集中するときには、鎮静化しながらも前向きな気分――などというように考えて、「気分を選ぶのはわたし」という意識をもって行動していただくといいと思います。

気分で行動は変わる!

前向きな気分で行動力up
習い事
スキルアップ
旅行
就職活動
後ろ向きな気分は行動力down
外に出たくない
イヤなことがあってもガマン
ため息
モヤモヤがなくならない
愚痴

それでも時々、不安な気持ちに襲われたら

日々、行動していればいろいろなことが起こります。

行動しなければしないで、堂々巡りしながら、やはりいろいろなことが起こります。それらは、あなたの進みたい未来につながるとは限らないことばかりです。

自分の意志で行動していれば、どんな展開であってもあなたの「心躍る未来像」につなげることができます。だからこそ、不安にならずに前進していってください。

そうはいっても、不安な気持ちになることもあるでしょう。

未来は「未定」だから不安定なのです。あなたが不安になるのも当然です。自信がなければ不安で仕方ないはずですが、自信があるからといって、心が絶対に

揺らがないというわけではありません。

もしも本当に心が揺らがないとしたら、それは、むしろ無感動ということです。

わたしたちは、前向きに行動し、精力的に活動しながらも、当然のことながら感動もするし、動揺もするのです。

しかし、行動している人が動揺しても、自信のある人はそのまま動揺して終わりではありません。

自分の中に「譲れない価値観」があり、「心躍る未来像」を思いだし、「なせばなる道のり」を歩みはじめれば、態勢を立て直すことができるのです。**そう、立ち直ることができます。**

だから、あなたが、もしも不安になったり、動揺して苦しくなってきたら、もう一度本書を読み直し、心にぴんとくる「あそび」に取り組んでみてください。

魂が悦ぶ®ノートには、不安になったら「不安になった」と書きつけてください。訳がわからないと思ったら「訳がわからない」と書きつけてください。

あなたの率直な感情をそのまま受け止めて、それを書き付けると、あなたの心の奥底の〝自分〟はたちまち大悦びします！

「ああ、わたしを受け止めてくれる人がいてくれた」

と心の底から悦ぶはずです！

あなたは、最初から最後まであなたの味方でいてください。それが人生の主人公のなすべきことです。

あなたの未来は光り輝いている

ただ、自分を肯定するというのは、手前勝手に自分を認識することではありません。当然、うぬぼれとは違います。やみくもに自分を信じることではありません。**できているところも、できていないところも、弱いところも強いところもすべてひっくるめて認めるのが、「自分を肯定する」ということです。**

わたしたちは気弱になると、現実を受け入れられなくなります。

「こうあるべきだ」
「そんなことはありえない。あってはならない！」
どんなに力んでも、現実は変わりません。

力んで主張する人は強く見えます。「自分の可能性を信じている！」と力説する人は強そうに見えます。

でも、本当に強いのは、自分の強みも弱みも理解したうえで、あそびゴコロを持ち、リラックスして、なんとかしてうまくいくように全力を尽くす人です。現実をゆがめようとせず、ありのままを受け止めて、能動的に変化する人です。

つまり、本当の自信がある人です。

「主体感」と「肯定感」と「有能感」の高い人です。

弱みがあれば補えばいい。

強みはもっと強くすればいい。

しかし、何が弱みで何が強みかわかっていなければ、弱みを補うことも強みを強化することもできません。

人生の荒波を乗り切るために、自分のありのままを、そのまま認める。これこそが自信を生み出すのです。

他人にしてもしかり。あらゆる出来事にしてもしかり。希望的観測や手前勝手な憶測を排除して、あるがままを受け止め、心躍る未来像の実現のために何ができるかを考え、行動に移していくことが大事なのです。

わたしたちは、思うがままに行動することができます。だからこそ、自己認識がゆがんでいてはいけません。現実認識がゆがんでいては道を誤ります。

自らの姿のありのままを受け止め、受け入れる勇気を持ちましょう。

そして、あなたらしい人生を新たに踏み出していってください。

世界の人々が自分らしい生き方を選択し、それぞれに輝かしい未来を生み出していくならば、人類の明日は当然輝かしいものになるはずです。

あなたがこうして本書をお読みになって、行動を開始したということは、あなたの未来はいっそう光り輝くということが約束されたようなものです。
人生の後半戦を生きる中高年の諸先輩方は、あなたにつながる未来の人たちの輝かしい未来像を思い描いてみてください。それは時を超えた「魂が悦ぶ®未来像」です。
そのために、今のあなたにはできることがあるはずです。あなたの心躍る未来像を実現するために一歩一歩前進しましょう。あなたの未来は輝かしいものとなるはずです。

人生の前半で求める「未来像」と、人生の後半で求める「未来像」はおのずと異なります。誰かが言ったからとか、誰かがそれでうまくいっているからというだけで、意味のない妥協をする必要はありません。

あなたはあなたであって、ほかの誰でもありません。

あなたの悦びを知っているのは、世界中を探し回ってもあなたをおいてほかにはいないのです。
あなたには、自分らしい人生を選択していただきたいと心から願っています。
今日からそのための一歩を踏み出し、この世界をよりいいものにしていってください。
あなたらしい、幸せな成功を心より祈っております。

むすびに

ここまでお読みいただき、誠にありがとうございます！

自信をもつというのは、「自分が人生の主人公であると知り（主体感）、心底自分を肯定し受容するものであり（肯定感）、どんなときもできることがあるのだ（有能感）と実感している状態である」ということについて少しでもご理解いただけたでしょうか。

何かひとつでもあなたの人生に取り入れて、「一歩でも前進できた」と思っていただけたら、とてもうれしいです。

誰だって自信をもつことはできるし、自分らしい生き方はいつからでも始められる。だからこそご縁をいただけたあなたには、あなたらしい人生の道を歩んでいただきたい。そんな祈りを込めて書いてきました。

すべては、あなたの生活に「あそび」をつくることから始まります。「あそび」ゴコロをもった自己探求が、あなたを自信に満ちた世界へと導いてくれるでしょう。

あなたの自信が、あなたの行動を促します。それがさらに全世界にいい影響を与え、幸せの連鎖が起こり出します。

自信に溢れたあなたの行動が周囲に幸せをもたらし、世界は今よりももっとよくなります、幸せを実感している人がひとりでも多くなることを、心より願っています。

本書がこのようにできあがったのも、多くの方々の力をいただけたからでした。武道および人生の師である大宮司朗先生（大東流合気柔術 玄修会）、ヘミシンクの泰斗である坂本政道さんはじめ、アクアヴィジョン・アカデミーのヘミシンクトレーナー芝根秀和さん、小島由香理さん、大野光弘さん、高柳美伸さん、笠原園代さん、山口幸子さん、尾方文さん、西宏さん、吉田公明さん、津蟹洋一さんほか森田菊野さんはじめスタッフの皆さん、モンロー研究所のFranceen Kingさん、コーチングの師匠である平本あきおさん（株式会社イノベイティア代表）や宮越大樹さんと株式会社アナザーヒストリーのコーチの皆さん、プロセスワーク研究会の富士見ユキオさんと岸原千雅子さん、メキキの会の出口光会長、わたしのコーチである大平信孝さん（株式会社アンカリング・イノベーション代表）、山元賢治さん（株式会社コミュニカ代表）、ミャンマーのみならず世界で活躍し続けているすわじゅんこさん（シンガーソングライター）、マルチな才能を持ったミュージシャンの那須仁さん、世界で活躍する誉恵留さん（シンガーソングライター）、精力的に音楽活動を展開するmamiさん（シンガーソングライター）、スペインを拠点に活動するNynnさん、セラピストの小林政彦さん（Re Koba代表）、古神道修道士の矢加部幸彦さん（『神ながら意識』の著者）、小説家の紫生サラさん、真木みき子さん（ギャラリー銀座一丁目）、PLUS時代からお世話になっている全プラス労働組合初代委員長武中正次郎さん、紙谷正之さん、髙田慎一さん（プルデンシャル生命保険株式会社）、講談師の田辺凌鶴先生、餃子大好きプロデューサーの池山千尋さん、スクイーズアート®創始者和田清香さん（株式会社栗清デザイン代表取締役）、進化し続け人の心を動かすライターの松田優さん、アメイジングフレンチを主宰し多分野にまたがるプロデューサー日吉瑞己さん、イラストレーターの津田薫さん、世界で活躍する山﨑浩美さん（ヒーリング・アーティスト）、三浦将さん（株式会社チームダイナミクス代表）、中島輝さん（国際コミュニティセラピスト協会）、姿勢治療家®の仲野孝明さん（仲野整體院長）、美崎栄一郎さん（株式会社戦国）、スーパービジネスマンの濵畠太さん（大東建託株式会社）、自分売り出しプロデューサーの宮脇小百合さん（株式会社寿守）、「5分会議」を活用した人材育成家の沖本るり子さん（株式会社CHEERFUL）、宜壽次ベザットさん（株式会社イーコース）、経営者専門のコーチ 椎名美智子さん（株式会社シーナビジネスコンサルティング）、小説家ののまみちこさん、料理研究家の中本ルリ子さん、愛媛は宇和島の歯科医であり合同会社スマイルコネクト代表の林敬人先生、松山の人財育成コンサルタント横関裕さん、冒険王まーくんこと丹生谷勝さん、カメラマンの寺坂ジョニーさん、学生時代からつきあいのある竹原浩さん、原口悟史さん（カイロプラクティック原口）、オフィス労協以来お世話になっている田中浩一さん（コクヨ株式会社）、林充宏さん、落合芳次さん、堤重夫さん、労組時代からお世話になっている高濱厚巳さん（合同会社ユニオンサポートプランニング）、石田祐一郎さん（株式会社GO FRONTIER代表）、キープことばの教室の山口功太郎さん、在日ミャンマー人を長く支援している田辺寿夫さん、BRSAのNAY MYO AUNGさん、MAUNG YAN SHIN MOEさん、MA KHIN HTA WAIさん、KYU KYU SANさん、MOE SANDERさん、AUNG KO OOさん、野上俊明さん、川村淳一さん、峯田史郎さん、神田活彦さん、下形美穂子さん、すでにミャンマーに帰国された THET AUNGさん、MIN AUNG KHINEさん、MYO THANT AUNGさん、YAN PAING TUNさん。また「ミャンマー料理を食べながら夢と希望をシェアする会」でお世話になっている山田千央さん、MIMI TIN TIN HTWEさん（グレースミャンマー株式会社）、MOMO HTUNさん（ミャンマーアジアレストラン ゴールデンバガン）、KYAW KYAW SOEさん（ミャンマーレストラン RUBY）、ミャンマーの一流アーティストのプロデューサー 岩城良生さん

（株式会社オフィス良生）、DAVID MAUNGさん（オリエンタルキッチンマリカ）、ヤンゴンで「平和（な）コンビニ」を経営するMAUNG KYI CHANさん（テットンアウン株式会社）、ミュージシャンのBreaky KHINさん、スーパースターTUTUさん、カチン民族の歌姫Ah moonさん、AUNG LINさん、CHU PWINT HLAINGさん（Hoshi Japanese Language Center）、ミャンマー観光ガイドのTIN NWE AYEさん、プレゼンターのAYE PWINT ZUNEさん、日本にいるAUNG KYAW ZINさんと渡辺由美子さんご夫妻、民主化活動家であり社会活動家でWE DO FOR MYANMARのNAY MYO ZINさん、KHIN MAUNG TAYさん、MA HAY MARさんと落合清司さんご夫妻、日本ミャンマー支援機構のTUN AUNG KHINさんと深山沙衣子さんご夫妻ほかミャンマー人の皆さん、松永克平さん（五洋建設株式会社）、アジア各国で活躍するバンドGypsy Queenの戸村しのぶさんと秋山岳久さんと伊藤雅昭さん、そしてPutimetalのviviこと杉山彩香さん（川上産業株式会社）、八王子から世界に向けて愛を放つ亜凛さん。皆様に深く感謝の意を述べたいと存じます。

ここにお名前を挙げきれないほど多くの方のお世話になって、この本はできあがりました。重ねて感謝申し上げます。
　そして株式会社Gonmatus所属の夢実現応援コーチ各位、橋本弥司子さん（あどわいず代表・開運スタイリスト・「魂が悦ぶ®出版講座」講師）、尾脇優菜さん（夢実現メンタルコーチ）、物部よしひろさん（臨床心理士。Premda Counseling room代表）、澤田和夏さん（働きやすい職場づくり応援家）にはともに悦び、笑い合う日ごろのご支援・ご協力に心より感謝しています。

　さて、本書があなたの自信を取り戻し、あなたらしい人生を歩みはじめるきっかけとなれたら、これに勝る喜びはありません。それは必ずあなたの世界を変え、夢の実現を加速させると信じています。

　本書のご感想やご意見、学べたこと、チャレンジしたことなどをお気軽にご連絡いただけたら、天にも昇るほどうれしいです。gonmatus@gmail.comまでどうぞ！
　あなたからいただくメールは、わたしの今後の活動を支えるエネルギーです。

あなたの率直なご感想を心よりお待ちしています。

あなたの今後のますますのご活躍とご健康とご多幸を心よりお祈り申し上げます。

平成29年10月吉日

夢実現応援家® 藤由達藏

藤由達蔵（ふぢよし・たつぞう）

PROFILE

株式会社 Gonmatus 代表取締役、夢実現応援家®。

1967 年、東京都新宿区生まれ。1991 年、早稲田大学卒業後、文具・オフィス家具メーカー PLUS に入社。2009 年、全プラス労働組合中央執行委員長に就任。専従委員長を務めながら、平本あきお氏が代表をつとめるプロコーチ養成スクールでコーチングを学ぶ。労働組合の活動にコーチングの要素を取り入れ、研修やセミナーを実施。オフィス環境産業労働組合協議会ならびに全国文具関連労働組合協議会の議長を兼任。

2013 年 9 月、PLUS を退職し、メンタル・コーチとして独立。コーチングを核として、各種心理技法や武術、瞑想法、労働組合における経験、文芸・美術・音楽創作などの経験を統合し、「気分と視座の転換」を重視した独自のメソッドを夢実現応援対話技法として確立。

2015 年 7 月、『結局、「すぐやる人」がすべてを手に入れる』（青春出版社）を刊行し、作家活動を開始。著書累計 40 万部を突破。

2016 年 9 月、株式会社 Gonmatus を設立。出版プロデュース、夢実現応援家® 養成、動画制作等の事業を展開。

「人には無限の可能性がある」をモットーに、作家・シンガーソングライターから経営者・起業家・ビジネスパーソン、学生まで幅広い層に「夢実現応援コーチング」を提供。そして企業や組織に対しては研修や講演を、出版を目指す方には個別出版サポートと『魂が悦ぶ® 出版講座』を提供している。

株式会社 Gonmatus
http://gonmatus.ocnk.net/

著者オフィシャルサイト
http://kekkyoku.jp/

著者ブログ「出版するのが夢だったあなたへ」
https://ameblo.jp/gonmatus

INFORMATION

＜読者様限定「無料」特典動画セミナーのお知らせ＞

本書の理解を深めていただくための動画セミナーを用意しました。
3本の無料動画セミナーをご覧いただけます。

（1）「スギ」が生えたら要注意!?　解説動画
（2）自信をもたらす3つの要素　解説動画
（3）自信を取り戻す「あそび」　解説動画

下記 URL から登録すれば、ご覧いただけます。
http://kekkyoku.jp/jishin/

＜藤由達蔵の講演会・セミナー情報＞

下記オフィシャルサイトから、著者・藤由達蔵の、
最新の講演会・セミナー情報をご確認できます！
http://kekkyoku.jp/

Tatsuzo Fujiyoshi

自分になかなか自信をもてないあなたへ
自分の嫌いなところを3週間で解消できるスゴイ方法

発行日　2017年10月28日　第1刷

著者　藤由達藏

本書プロジェクトチーム
編集統括　柿内尚文
編集担当　小林英史、奈良岡崇子
デザイン　大場君人
イラスト　坂木浩子（ぽるか）
校正　小西義之
DTP・図表　アイダックデザイン
営業統括　丸山敏生
営業担当　石井耕平、戸田友里恵
プロモーション　山田美恵、浦野稚加
営業　増尾友裕、熊切絵理、甲斐萌里、大原桂子、綱脇愛、川西花苗、寺内未来子、櫻井恵子、吉村寿美子、田邊曜子、矢橋寛子、大村かおり、高垣真美、高垣知子、柏原由美、菊山清佳

編集　舘瑞恵、栗田亘、辺土名悟、村上芳子、加藤紳一郎、中村悟志、及川和彦
編集総務　千田真由、髙山紗耶子、高橋美幸
講演・マネジメント事業　斎藤和佳、高間裕子
メディア開発　池田剛
マネジメント　坂下毅
発行人　高橋克佳

発行所　株式会社アスコム

〒105-0003
東京都港区西新橋2-23-1　3東洋海事ビル
編集部　TEL：03-5425-6627
営業部　TEL：03-5425-6626　FAX：03-5425-6770

印刷・製本　株式会社光邦

Printed in Japan ISBN 978-4-7762-0964-5

購入者だけに
21種類の「あそび」用のシートをプレゼント！

本書の第３～５章でご紹介した「過去」「現在」「未来」を掘り下げる「あそび」用のシートを作りました。

ダウンロード＆出力して使ってください！
ぜひ、あそびゴコロをもって楽しくチャレンジしてくださいね！

ダウンロードはこちら

http://ascom-inc.jp/tatsuzo/